BERTRAND RUSSELL

LA CONQUISTA DE LA FELICIDAD

ISBN 9798469757764

Traducción: Manuel Torrecilla

Todos los derechos reservados de esta edición

© 2021

PREFACIO

Este libro no va dirigido a los eruditos ni a los que consideranque un problema práctico no es más que un tema de conversación. No encontrarán en las páginas que siguen ni filosofías profundas ni erudición profunda. Tan solo me he propuesto reunir algunos comentarios inspirados, confío yo, por el sentido común. Lo único que puedo decir a favor de las recetas que ofrezco al lector es que están confirmadas por mi propia experiencia y observación, y que han hecho aumentar mi propia felicidad siempre que he actuado de acuerdo con ellas. Sobre esta base, me atrevo a esperar que, entre las multitudes de hombres y mujeres que padecen infelicidad sin disfrutar de ello, algunos vean diagnosticada su situación y se les sugiera un método de escape. He escrito este libro partiendo de la convicción de que muchas personas que son desdichadas podrían llegar a ser felices si hacen un esfuerzo bien dirigido.

Animals - they do not judge

Creo que podría transformarme y vivir con los animales.

¡Son tan apacibles y dueños de sí mismos!

Me paro a contemplarlos durante tiempo y más tiempo.

No sudan ni se quejan de su suerte, no se pasan la noche en vela, llorando por sus pecados, no me fastidian hablando de sus deberespara con Dios.

Ninguno está insatisfecho, a ninguno le enloquece la maníade poseer cosas.

Ninguno se arrodilla ante otro, ni ante los congéneresque vivieron hace miles de años.

Ninguno es respetable ni desgraciado en todo el ancho mundo.

WALT WHITMAN

PRIMERA PARTE

CAUSAS DE LA INFELICIDAD

1

¿QUÉ HACE DESGRACIADA A LA GENTE?

Los animales son felices mientras tengan salud y suficiente comida. Los seres humanos, piensa uno, deberían serlo, pero en el mundo moderno no lo son, al menos en la gran mayoría de los casos. Si es usted desdichado, probablemente estará dispuesto a admitir que en esto su situación no es excepcional. Si es usted feliz, pregúntese cuántos de sus amigos lo son. Y cuando haya pasado revista a sus amigos, aprenda el arte de leer rostros; hágase receptivo a los estados de ánimo de las personas con que se encuentra a lo largo de un día normal.

Una marca encuentro en cada rostro; marcas de debilidad, marcas de aflicción... decía Blake. Aunque de tipos muy diferentes, encontrará usted infelicidad por todas partes. Supongamos que está usted en Nueva York, la más típicamente moderna de las grandes ciudades. Párese en una calle muy transitada en horas de trabajo, o en una carretera importante un fin de semana; vacíe la mente de su propio ego y deje que las personalidades de los desconocidos que le rodean tomen posesión de usted, una tras otra. Descubrirá que cada una de estas dos multitudes diferentes tiene sus propios problemas. En la multitud de horas de trabajo verá usted ansiedad, excesode concentración, dispepsia, falta de interés por todo lo queno sea la lucha cotidiana, incapacidad de divertirse, falta de consideración hacia el prójimo. En la carretera en fin de semana, verá hombres y mujeres, todos bien acomodados y algunos muy ricos, dedicados a la búsqueda de placer. Esta búsqueda la efectúan todos a velocidad uniforme, la del coche más lento de la procesión; los coches no dejan ver la carretera, y tampoco el paisaje, ya que mirar a los lados podría provocar un accidente; todos los ocupantes de todos los coches están absortos en el deseo de adelantar a otros coches, perono pueden hacerlo debido a la aglomeración; si sus mentes se desvían de esta preocupación, como les sucede de vez en cuando a los que no van conduciendo, un indescriptible aburrimiento se apodera de ellos e imprime en sus rostros una marca de trivial descontento. De tarde en tarde, pasa un cochecargado de personas de color cuyos ocupantes dan auténticas muestras de estar pasándoselo bien, pero provocan indignación por su comportamiento excéntrico y acaban cayendo en manos de la policía debido a un accidente: pasárselo bien en días de fiesta es ilegal.

O, por ejemplo, observe a las personas que asisten a una fiesta. Todos llegan decididos a alegrarse, con el mismo tipo de férrea resolución con que uno decide no armar un alboroto en el dentista. Se supone que la bebida y el besuqueo son las puertas de entrada a la alegría, así que todos se emborrachana toda prisa y procuran no darse cuenta de lo mucho que les disgustan sus acompañantes. Tras haber bebido lo suficiente, los hombres empiezan a llorar y a lamentarse de lo indignos que son, en el sentido moral, de la devoción de sus madres. Lo único que el alcohol hace por ellos es liberar el sentimiento de culpa, que la razón mantiene reprimido en momentos demás cordura.

Las causas de estos diversos tipos de infelicidad se encuentran en parte en el sistema social y en parte en la psicología individual (que, por supuesto, es en gran medida consecuencia del sistema social). Ya he escrito en ocasiones anteriores sobre los cambios que habría que hacer en el sistema social para favorecer la felicidad. Pero no es mi intención hablar en este libro sobre la abolición de la guerra, de la explotación económica o de la educación en la crueldad y el miedo. Descubrir un sistema para evitar la guerra es una necesidad vital para nuestra civilización; pero ningún sistema tiene posibilidades de funcionar mientras los hombres sean tan desdichados que el exterminio mutuo les parezca menos terrible que afrontar continuamente la luz del día. Evitar la perpetuación de la pobreza es necesario para que los beneficios de la producción industrial favorezcan en alguna medida a los más necesitados; pero ¿de qué serviría hacer rico a todo el mundo, si los ricos también son desgraciados? La educación en la crueldad y el miedo es mala, pero los que son esclavos de estas pasiones no pueden dar otro tipo de educación. Estas consideraciones nos llevan al problema del individuo: ¿qué puede hacer un hombre o una mujer, aquí y ahora, en medio de nuestra nostálgica sociedad, para alcanzar la felicidad? Al discutir este problema, limitaré mi atención a personas que noestán sometidas a ninguna causa externa de sufrimiento extremo. Daré por supuesto que se cuenta con ingresos suficientes para asegurarse alojamiento y comida, y de salud suficiente para hacer posibles las actividades corporales normales. Notendré en cuenta las grandes catástrofes, como la pérdida de todos los hijos o la vergüenza pública. Son cuestiones de las que merece la pena hablar, y son cosas importantes, pero pertenecen a un nivel diferente del de las cosas que pretendo decir. Mi intención es sugerir una cura para la infelicidad cotidiana normal que padecen casi todas las personas en los países civilizados, y que resulta aún más insoportable porque, no teniendo una causa externa obvia, parece ineludible. Creo que esta infelicidad se debe en muy gran medida a conceptos del mundo erróneos, a éticas erróneas, a hábitos de vida erróneos, que conducen a la destrucción de ese entusiasmo natural, ese apetito de cosas posibles del que depende toda felicidad, tanto la de las personas como la de los animales. Se trata de cuestiones que están dentro de las posibilidades del individuo, y me propongo sugerir ciertos cambios mediante los cuales, con un grado normal de buena suerte, se puede alcanzar esta felicidad.

Puede que la mejor introducción a la filosofía por la que quiero abogar sean unas pocas palabras autobiográficas. Yono nací feliz. De niño, mi himno favorito era «Harto del mundo y agobiado por el peso de mis pecados». A los cinco años se me ocurrió pensar que, si vivía hasta los setenta, hastaentonces solo había soportado una catorceava parte de mi vida, y los largos años de aburrimiento que aún tenía por delante me parecieron casi insoportables. En la adolescencia, odiaba la vida y estaba continuamente al borde del suicidio, aunque me salvó el deseo de aprender más matemáticas. Ahora, por el contrario, disfruto de la vida; casi podría decir que cada año que pasa la disfruto más. En parte, esto se debe a que he descubierto cuáles eran las cosas que más deseaba y, poco a poco, he ido adquiriendo muchas de esas cosas. En parte se debe a que he logrado prescindir de ciertos objetos dedeseo —como la adquisición de conocimientos indudables sobre esto o lo otro— que son absolutamente inalcanzables. Pero principalmente se debe a que me preocupo menos pormí mismo. Como otros que han tenido una educación puritana, yo tenía la costumbre de meditar sobre mis pecados, mis fallos y mis defectos. Me consideraba a mí mismo —y seguroque con razón— un ser miserable. Poco a poco aprendí a ser indiferente a mí mismo y a mis deficiencias; aprendí a centrarla atención, cada vez más, en objetos externos: el estado del mundo, diversas ramas del conocimiento, individuos por los que sentía afecto. Es cierto que los intereses externos acarrean siempre sus propias posibilidades de dolor: el mundo puede entrar en guerra, ciertos conocimientos pueden ser difíciles de adquirir, los amigos pueden morir. Pero los dolores de este tipo no destruyen la cualidad esencial de la vida, como hacen los que nacen del disgusto por uno mismo. Y todo interés externo inspira alguna actividad que, mientras el interés se mantenga vivo, es un preventivo completo del *ennui*. En cambio, el interés por uno mismo no conduce a ninguna actividad de tipo progresivo. Puede impulsar a escribir un diario, a acudir a un psicoanalista, o tal vez a hacerse monje. Pero el monje no será feliz hasta que la rutina del monasterio le haga olvidar su propia alma. La felicidad que él atribuye a la religión podría haberla conseguido haciéndose barrendero, siempre que se viera obligado a serlo para toda la vida. La disciplina externa es el único camino a la felicidad para aquellos desdichados cuya absorción en sí mismo᠊ es tan profundaque no se puede curar de ningún otro modo.

Hay varias clases de absorción en uno mismo. Tres de las más comunes son la del pecador, la del narcisista y la del megalómano.

Cuando digo «el pecador» no me refiero al hombre que comete pecados: los pecados los cometemos todos o no los comete nadie, dependiendo de cómo definamos la palabra; me refiero al hombre que está absorto en la conciencia del pecado. Este hombre está constantemente incurriendo en su propia desaprobación, que, si es religioso, interpreta como desaprobación de Dios. Tiene una imagen de sí mismo como él cree que debería ser, que está en constante conflicto con su conocimiento de cómo es. Si en su pensamiento consciente ha descartado hace mucho tiempo las máximas que le enseñó su madre de pequeño, su sentimiento de culpa puede haber quedado profundamente enterrado en el subconsciente y emerger tan solo cuando está dormido o borracho. No obstante, con eso puede bastar para quitarle el gusto a todo. En el fondo, sigue acatando todas las prohibiciones que le enseñaron en la infancia. Decir palabrotas está mal, beber está mal, ser astuto en los negocios está mal y, sobre todo, el sexo está mal. Por supuesto, no se abstiene de ninguno de esos placeres, pero para él están todos envenenados por la sensación de que le degradan. El único placer que desea con toda su alma es que su madre le dé su aprobación con una caricia, como recuerda haber experimentado en su infancia. Como este placer ya no está a su alcance, siente que nada importa: puesto que *debe* pecar, decide pecar a fondo. Cuando se enamora, busca cariño maternal, pero no puede aceptarlo porque, debido a la imagen que tiene de su madre, no siente respeto por ninguna mujer con la que tenga relaciones sexuales. Entonces, sintiéndose decepcionado, se vuelve cruel, se arrepiente de su crueldad y empieza de nuevo el terrible ciclo de ıaginario y remordimiento real. Ésta es la psicología de ɩnos réprobos aparentemente empedernidos. Lo que les escarriarse es su devoción a un objeto inalcanzable (la ɩ. ɾe o un sustituto de la madre) junto con la inculcación, en los primeros años, de un código ético ridículo. Para estas víctimas de la «virtud» maternal, el primer paso hacia la felicidad consiste en liberarse de la tiranía de las creencias y amores dela infancia.

El narcisismo es, en cierto modo, lo contrario del sentimiento habitual de culpa; consiste en el hábito de admirarse unomismo y desear ser admirado. Hasta cierto punto, por supuesto, es una cosa normal y no tiene nada de malo. Solo en exceso se convierte en un grave mal. En muchas mujeres, sobre todo mujeres ricas de la alta sociedad, la capacidad de sentir amor está completamente atrofiada, y ha sido sustituida por un fortísimo deseo de que todos los hombres las amen. Cuando una mujer de este tipo está segura de que un hombre la ama, deja de interesarse por él. Lo mismo ocurre, aunque con menos frecuencia, con los hombres; el ejemplo clásico es el protagonista de *Las amistades peligrosas*. Cuando la vanidad se lleva a estas alturas, no se siente auténtico interés por ninguna otra persona y, por tanto, el amor no puede ofrecer ninguna satisfacción verdadera. Otros intereses fracasan de manera aún más desastrosa. Un narcisista, por ejemplo, inspirado por los elogios dedicados a los grandes pintores, puede estudiar bellas artes; pero como para él pintar no es más que un medio para alcanzar un fin, la técnica nunca le llega a interesar y es incapaz de ver ningún tema si no es en relación con su propia persona. El resultado es el fracaso y la decepción, el ridículo en lugar de la esperada adulación. Lo mismo se aplica a esas novelistas en cuyas novelas siempre aparecen ellas mismas idealizadas como heroínas. Todo éxito verdadero en el trabajo depende del interés auténtico por el material relacionado con el trabajo. La tragedia de muchos políticos deéxito es que el narcisismo va sustituyendo poco a poco al interés por la comunidad y las medidas que defendía. El hombre que solo está interesado en sí mismo no es admirable, y no se siente admirado. En consecuencia, el hombre cuyo único interés en el mundo es que el mundo le admire tiene pocas posibilidades de alcanzar su objetivo. Pero aun si lo consigue,no será completamente feliz, porque el instinto humano nuncaes totalmente egocéntrico, y el narcisista se está limitando artificialmente tanto como el hombre dominado por el sentimiento de pecado. El hombre primitivo podía estar orgulloso de ser un buen cazador, pero también disfrutaba con la actividad de la caza. La vanidad, cuando sobrepasa cierto punto, mata el placer que ofrece toda actividad por sí misma, y conduce inevitablemente a la indiferencia y el hastío. A menudo, la causa es la timidez, y la cura es el desarrollo de la propia dignidad. Pero esto solo se puede conseguir mediante una actividad llevada con éxito e inspirada por intereses objetivos.

El megalómano se diferencia del narcisista en que desea ser poderoso antes que encantador, y prefiere ser temido a ser amado. A este tipo pertenecen muchos lunáticos y la mayoría de los grandes hombres de la historia. El afán de poder, como la vanidad, es un elemento importante de la condición humana normal, y hay que aceptarlo como tal; solo se convierte en deplorable cuando es excesivo o va unido a un sentido de la realidad insuficiente. Cuando esto ocurre, el hombre se vuelve desdichado o estúpido, o ambas cosas. El lunático que se cree rey puede ser feliz en cierto sentido, pero ninguna persona cuerda envidiaría esta clase de felicidad. Alejandro Magno pertenecía al mismo tipo psicológico que el lunático, pero poseía el talento necesario para hacer realidad el sueño del lunático. Sin embargo, no pudo hacer realidad su propio sueño, que se iba haciendo más grande a medida que crecían sus logros. Cuando quedó claro que era el mayor conquistador que había conocido la historia, decidió que era un dios. ¿Fue un hombre feliz? Sus borracheras, sus ataques de furia, su indiferencia hacia las mujeres y sus pretensiones de divinidaddan a entender que no lo fue. No existe ninguna satisfacción definitiva en el cultivo de un único elemento de la naturaleza humana a expensas de todos los demás, ni en considerar el mundo entero como pura materia prima para la magnificenciadel propio ego. Por lo general, el megalómano, tanto si está loco como si pasa por cuerdo, es el resultado de alguna humillación excesiva. Napoleón lo pasó mal en la escuela porque se sentía inferior a sus compañeros, que eran ricos aristócratas, mientras que él era un chico pobre con beca. Cuando permitió el regreso de los *émigrés* tuvo la satisfacción de vera sus antiguos compañeros de escuela inclinándose ante él.

¡Qué felicidad! Sin embargo, esto le hizo desear obtener una satisfacción similar a expensas del zar, y acabó llevándole a Santa Elena. Dado que ningún hombre puede ser omnipotente, una vida enteramente dominada por el ansia de poder tieneque toparse tarde o temprano con obstáculos imposibles de superar. La única manera de impedir que este conocimientose imponga en la conciencia es mediante algún tipo de demencia, aunque si un hombre es lo bastante poderoso puede encarcelar o ejecutar a los que se lo hagan notar. Así pues, la represión política y la represión en el sentido psicoanalítico van de la mano. Y siempre que existe una represión psicológica muy acentuada, no hay felicidad auténtica. El poder, mantenido dentro de límites adecuados, puede contribuir mucho a la felicidad, pero como único objetivo en la vida conduce al desastre, interior si no exterior.

Está claro que las causas psicológicas de la infelicidad son muchas y variadas. Pero todas tienen algo en común. La típica persona infeliz es aquella que, habiéndose visto privada de joven de alguna satisfacción normal, ha llegado a valorar este único tipo de satisfacción más que cualquier otro, y por tanto ha encauzado su vida en una única dirección, dando excesiva importancia a los logros y ninguna a las actividades relacionadas con ellos.

Existe, no obstante, una complicación adicional, muy frecuente en estos tiempos. Un hombre puede sentirse tan completamente frustrado que no busca ningún tipo de satisfacción, solo distracción y olvido. Se convierte entonces en un devoto del «placer». Es decir, pretende hacer soportable la vida volviéndose menos vivo. La embriaguez, por ejemplo, es un suicidio temporal; la felicidad que aporta es puramente negativa, un cese momentáneo de la infelicidad. El narcisista y el megalómano creen que la felicidad es posible, aunque pueden adoptar medios erróneos para conseguirla; pero el hombre que busca la intoxicación, en la forma que sea, ha renunciado a toda esperanza, exceptuando la del olvido. En este caso, lo primero que hay que hacer es convencerle de que la felicidad es deseable.

Las personas que son desdichadas, como las que duermen mal, siempre se enorgullecen de ello. Puede que su orgullo sea como el del zorro que perdió la cola; en tal caso, la manera de curarlas es enseñarles la manera de hacer crecer una nueva cola. En mi opinión, muy pocas personas eligen deliberadamente la infelicidad si ven alguna manera de ser felices. No niego que existan personas así, pero no son bastante numerosas como para tener importancia. Por tanto, doy por supuesto que el lector preferiría ser feliz a ser desgraciado. No sé si podré ayudarle a hacer realidad su deseo; pero desde luego, por intentarlo no se pierde nada.

2

INFELICIDAD BYRONIANA

Es corriente en nuestros tiempos, como lo ha sido en otros muchos períodos de la historia del mundo,suponer que los más sabios de entre nosotros han visto a través de todos los entusiasmos de épocas anteriores y se han dado cuenta de que no queda nada por lo que valga la pena vivir. Los que sostienen esta opinión son verdaderamente desgraciados, pero están orgullosos de su desdicha, que atribuyen a la naturaleza misma del universo, y consideran que es la única actitud racional para una persona ilustrada. Se sienten tan orgullosos de su infelicidad que las personas menos sofisticadas no se acaban de creer que sea auténtica; piensan que el hombre que disfruta siendo desgraciado no es desgraciado. Esta opinión es demasiado simple; indudablemente,existe alguna pequeña compensación en la sensación de superioridad y perspicacia que experimentan estos sufridores, peroesto no es suficiente para compensar la pérdida de placeres más sencillos. Personalmente, no creo que el hecho de ser infeliz indique ninguna superioridad mental. El sabio será todo lo feliz que permitan las circunstancias, y si la contemplación del universo le resulta insoportablemente dolorosa, contemplará otra cosa en su lugar. Esto es lo que me propongo demostrar en el presente capítulo. Pretendo convencer al lector de que, por mucho que se diga, la razón no representa ningún obstáculo a la felicidad; es más, estoy convencido de que los que, con toda sinceridad, atribuyen sus penas a su visión del universo están poniendo el carro delante de los caballos: la verdad es que son infelices por alguna razón de la que no son conscientes, y esta infelicidad les lleva a recrearse en las características menos agradables del mundo en que viven.

Para los estadounidenses modernos, el punto de vista que me propongo considerar ha sido expuesto por Joseph Wood Krutch en un libro titulado *The Modern Temper*; para la generación de nuestros abuelos, lo expuso Byron; para todas las épocas, lo expuso el autor del Eclesiastés. El señor Krutch dice: «La nuestra es una causa perdida y no hay lugar para nosotros en el universo natural, pero a pesar de todo no lamentamos ser humanos. Mejor morir como hombres que vivircomo animales».

Byron dijo:

No hay alegría que pueda darte el mundo comparable a la que te quita, cuando el brillo de las primeras ideas degeneraen la insulsa decadencia de los sentimientos.

Y el autor del Eclesiastés decía:

Y proclamé dichosos a los muertos que se fueron, más dichosos que los vivos que viven todavía.

Y más dichosos que ambos son los que nunca vivieron, que no han visto el mal que se hace bajo el sol.

Todos estos pesimistas llegaron a estas lúgubres conclusiones tras pasar revista a los placeres de la vida. El señor Krutch ha vivido en los círculos más intelectuales de Nueva York; Byron nadó en el Helesponto y tuvo innumerablesaventuras amorosas; el autor del Eclesiastés fue aún más variado en su búsqueda de placeres: probó el vino, probó la música «de todos los géneros», construyó estanques, tuvo sirvientes y sirvientas, algunos nacidos en su casa. Ni siquiera en estas circunstancias le abandonó su sabiduría. No obstante,vio que todo es vanidad, incluso la sabiduría.

Y di mi corazón por conocer la sabiduría y por entender la insensatez y la locura; y percibí que también esto es vejación del espíritu.

Porque donde hay mucha ciencia hay mucho dolor; y el que aumenta su saber aumenta su pena.

Por lo que se ve, su sabiduría le molestaba y se esforzó en vano por librarse de ella.

Me dije en mi corazón: vamos, probemos la alegría, disfrutemos del placer. Pero, ay, también esto es vanidad.

Pero su sabiduría no le abandonaba.

Entonces me dije en mi corazón: lo que le sucedió al necio también me sucedió a mí. ¿Por qué, pues, hacerme más sabio? Y me dije que también esto es vanidad.

Por eso aborrecí la vida, viendo que todo cuanto se hace bajoel sol es penoso para mí; porque todo es vanidad y vejación del espíritu.

Es una suerte para los literatos que ya nadie lea cosas escritas hace mucho tiempo, porque si lo hicieran llegarían a la conclusión de que, se opine lo que se opine sobre la construcción de estanques, la creación de nuevos libros no es más que vanidad. Si podemos demostrar que la doctrina del Eclesiastés no es la única adecuada para un hombre sabio, no tendremos que molestarnos mucho con las manifestaciones posteriores de la misma actitud. En un argumento de este tipo hay que distinguir entre un estado de ánimo y su expresión intelectual.Con los estados de ánimo no hay discusión posible; pueden cambiar debido a algún suceso afortunado o a un cambio en nuestro estado corporal, pero no se pueden cambiar mediante argumentos. Muchas veces he experimentado ese estado de ánimo en que sientes que todo es vanidad; y no he salido de él mediante ninguna filosofía, sino gracias a una necesidad imperiosa de acción. Si tu hijo está enfermo,

puedes sentirte desdichado, pero no piensas que todo es vanidad; sientes que devolver la salud a tu hijo es una cuestión que hay que atender, independientemente de los argumentos sobre si la vida humana tiene algún valor o no. Un hombre rico puede sentir
—y a menudo siente— que todo es vanidad, pero si pierde su fortuna no pensará que su próxima comida es vanidad, ni mucho menos. El origen de ese sentimiento es la demasiada facilidad para satisfacer las necesidades naturales. El animal humano, igual que los demás, está adaptado a cierto grado de lucha por la vida, y cuando su gran riqueza permite a un *Homo sapiens* satisfacer sin esfuerzo todos sus caprichos, la mera ausencia de esfuerzo le quita a su vida un ingrediente imprescindible de la felicidad. El hombre que adquiere con facilidad cosas por las que solo siente un deseo moderado llega a la conclusión de que la satisfacción de los deseos no da la felicidad. Si tiene inclinaciones filosóficas, llega a la conclusión de que la vida humana es intrínsecamente miserable, ya que el que tiene todo lo que desea sigue siendo infeliz. Se olvida de que una parte indispensable de la felicidad es carecer de algunas de las cosas que se desean.

Hasta aquí lo referente al estado de ánimo. Pero también hay argumentos intelectuales en el Eclesiastés:

Los ríos van todos a la mar, y la mar no se llena. No

hay nada nuevo bajo el sol.

No hay memoria de lo que sucedió antes.

Aborrecí todo cuanto yo había hecho bajo el sol, porque todo tendría que dejarlo al que vendrá detrás de mí.

Si intentáramos expresar estos argumentos con el estilo de un filósofo moderno, nos saldría algo parecido a esto: el hombre está esforzándose perpetuamente, y la materia está en perpetuo movimiento, y sin embargo nada permanece, aunque lo nuevo que ocurre después no se diferencia en nada de lo que ya ocurrió antes. Un hombre muere, y sus herederos recogen los beneficios de su trabajo. Los ríos van a parar al mar, peroa sus aguas no se les permite permanecer allí. Una y otra vez, en un ciclo interminable y sin propósito alguno, los hombres y las cosas nacen y mueren sin mejorar nada, sin lograr nada permanente, día tras día, año tras año. Los ríos, si fueran sabios, se quedarían donde están. Salomón, si fuera sabio, no plantaría árboles frutales cuyos frutos solo serán disfrutados por su hijo.

Pero con otro estado de ánimo, qué diferente se ve todo esto. ¿Que no hay nada nuevo bajo el sol? ¿Y qué me dicen de los rascacielos, los aviones y los discursos radiofónicos de los políticos? ¿Qué sabía Salomón[1] de estas cosas? Si hubiera podido oír por la radio el discurso de la reina de Saba a sus súbditos a su regreso de Israel, ¿no le habría servido de consuelo entre sus triviales árboles y estanques? Si hubiera podido disponer de una agencia de recortes de prensa para saberlo que decían los periódicos sobre la belleza de su arquitectura, las comodidades de su harén y el desconcierto de los sabios rivales cuando discutían con él, ¿habría podido seguir diciendo que no hay nada nuevo bajo el sol? Puede que estas cosas no le hubieran curado del todo de su pesimismo, pero habría tenido que darle una nueva expresión. De hecho, unade las cosas que lamenta el señor Krutch de nuestro mundo es que hay demasiadas cosas nuevas bajo el sol.

---

[1] En realidad, el Eclesiastés no lo escribió Salomón, pero es adecuado aludir al autor por este nombre.

Si tanto la ausencia como la presencia de novedades son igualmente fastidiosas, no parece que ninguna de las dos pueda ser la verdadera causa de la desesperación. Consideremos otra vez el hecho de que «los ríos van todos a la mar, y la mar no se llena;al sitio de donde vinieron los ríos, allí retornan de nuevo».

Tomado como base para el pesimismo, viene a decir que los viajes son desagradables. La gente va de vacaciones en verano, pero luego regresa al lugar del que vino. Esto no significa que sea una tontería salir de vacaciones en verano. Si las aguas estuvieran dotadas de sentimientos, probablemente disfrutarían de las aventuras de su ciclo, a la manera de la *Nube* de Shelley. En cuanto a lo triste que es dejar las cosas a los herederos, esto se puede considerar desde dos puntos de vista: desde el punto de vista del heredero, no tiene nada de desastroso. Tampoco el hecho de que todas las cosas tengan su fin constituye en sí mismo una base para el pesimismo. Si después vinieran cosas peores, eso sí que sería una base, pero si vienen cosas mejores habría razones para ser optimista. ¿Y qué debemos pensar si, como sostiene Salomón, detrás vienencosas exactamente iguales? ¿No significa esto que todo el proceso es una futilidad? Rotundamente no, a menos que las diversas etapas del ciclo sean dolorosas por sí mismas. El hábito de mirar el futuro y pensar que todo el sentido del presente está en lo que vendrá después es un hábito pernicioso. El conjunto no puede tener valor a menos que tengan valorlas partes. La vida no se debe concebir como analogía de un melodrama en que el héroe y la heroína sufren increíbles desgracias que se compensan con un final feliz. Yo vivo en mi época, mi hijo me sucede y vive en la suya, su hijo le sucederá a su vez. ¿Qué tiene todo esto de trágico? Al contrario: siyo viviera eternamente, las alegrías de la vida acabarían inevitablemente perdiendo su sabor. Tal como están las cosas, se mantienen eternamente frescas.

Me calenté las manos ante el fuego de la vida.

Se va apagando y estoy listo para partir.

Esta actitud es tan racional como la del que se indigna ante la muerte. Por tanto, si los estados de ánimo estuvieran determinados por la razón, habría igual número de razones para alegrarse como para desesperarse.

El Eclesiastés es trágico; el *Modern Temper* del señor Krutches patético. En el fondo, el señor Krutch está triste porque las antiguas certidumbres medievales se han venido abajo, y también algunas de origen más reciente. «En cuanto a esta desdichada época actual», dice, «acosada por fantasmas de un mundo muerto y que todavía no se siente a gusto consigo misma, su problema no es muy diferente del problema de un adolescente que aún no ha aprendido a orientarse sin recurrir a la mitología en medio de la cual transcurrió su infancia». Esta declaración es completamente correcta si se aplica a cierta fracción de los intelectuales, los que habiendo tenido una educación literaria no saben nada del mundo moderno; y como en su juventud se les enseñó a basar las creencias en las emociones no pueden desprenderse de ese deseo infantil de seguridad y protección que el mundo de la ciencia no puede satisfacer. El señor Krutch, como otros muchos hombres de letras, está obsesionado por la idea de que la ciencia no ha cumplido sus promesas. Por supuesto, no nos dice cuáles eran esas promesas, pero parece pensar que, hace sesenta años, hombres como Darwin y Huxley esperaban algo de la ciencia que ésta no ha dado. A mí esto me parece un completo error, fomentado por escritores y clérigos que no quieren que se piense que sus especialidades carecen de valor. Es cierto que en estos tiempos hay en el mundo muchos pesimistas. Siempre ha habido muchos pesimistas cuando mucha gente veía disminuir sus ingresos. Es verdad que el señor Krutch es norteamericano y, en general, los ingresos de los norteamericanos han aumentado desde la Guerra, pero en todo el continente europeo las clases intelectuales han sufrido terriblemente, y la Guerra misma les dio a todos una sensación de inestabilidad. Estas causas sociales tienen mucho más que ver con el estado de ánimo de una época que las teorías sobre la naturaleza del mundo. Pocas épocas han sido más desesperantes que el siglo XIII, a pesar de que esa fe que el señor Krutch tanto añora estaba entonces firmemente arraigada en todos, exceptuando al emperador y a unos cuantos nobles italianos. Así, Roger Bacon decía: «Reinan en estos tiempos nuestros más pecados que en ninguna época pasada, y el pecado es incompatible con la sabiduría.

Miremos en qué condiciones está el mundo y considerémoslas atentamente en todas partes: encontraremos corrupción sin límites, y sobre todo en la Cabeza... La lujuria deshonra a toda la corte, y la gula los domina a todos... Si esto ocurre en la Cabeza, ¿cómo será en los miembros? Veamos a los prelados: cómo se afanan tras el dinero y descuidan la salvación de las almas... Consideremos las órdenes religiosas: no excluyo a ninguna de lo que digo. Ved cómo han caído todas ellas de su estado correcto; y las nuevas órdenes (de frailes) ya han decaído espantosamente desde su dignidad original. Todo el clero es presa de la soberbia, la lujuria y la avaricia; y allí donde se juntan eclesiásticos, como ocurre en París y en Oxford, escandalizan a todos los laicos con sus guerras y disputas y otros vicios... A nadie le importa lo que se haga, por las buenas o por las malas, con tal de que cada uno pueda satisfacer su codicia».

Y sobre los sabios paganos de la Antigüedad dice: «Sus vidas fueron, sin punto de comparación, mejores que las nuestras, tanto por su decencia como por su desprecio del mundo con todas sus delicias, riquezas y honores; todos los hombres pueden aprender de las obras de Aristóteles, Séneca, Tulio, Avicena, Alfarabi, Platón, Sócrates y otros; y así fue como alcanzaron los secretos de la sabiduría y obtuvieron todo conocimiento[2]». La opinión de Roger Bacon era compartida por todos sus contemporáneos ilustrados, a ninguno de los cuales les gustaba la épocaen que vivían. Ni por un momento creo que este pesimismo tuviera una causa metafísica. Sus causas eran la guerra, la pobreza y la violencia.

Uno de los capítulos más patéticos del señor Krutch trata del tema del amor. Parece que los Victorianos tenían un concepto muy elevado del amor, pero que nosotros, con nuestra sofisticación moderna, lo hemos perdido. «Para los Victorianos másescépticos, el amor cumplía algunas de las funciones del Dios que habían perdido. Ante él, muchos, incluso los más curtidos, se volvían místicos por un momento. Se encontraban en presencia de algo que despertaba en ellos esa sensación de reverencia que ninguna otra cosa produce, algo ante lo que sentían, aunque fuera en lo más profundo de su ser, que se le debía una lealtad a toda prueba. Para ellos, el amor, como Dios, exigía toda clase de sacrificios; pero, también como Él, premiaba al creyente infundiendo en todos los fenómenos de la vida un significado que aún está por analizar. Nos hemos acostumbrado —más que ellos— a un universo sin Dios, peroaún no nos hemos acostumbrado a un universo donde tampoco haya amor, y solo cuando nos acostumbremos nos daremos cuenta de lo que significa realmente el ateísmo». Es curioso lo diferente que parece la época victoriana a los jóvenes de nuestro tiempo, en comparación con lo que parecía cuando uno vivía en ella. Recuerdo a dos señoras mayores, ambas típicas de ciertos aspectos del período, que conocí cuando era joven. Una era puritana y la otra seguidora de Voltaire.

---

[2] De *From St. Francis to Dante*, de Coulton, p. 57.

La primera se lamentaba de que hubiera tanta poesía que trataba del amor, siendo éste, según ella, un tema sin interés. La segunda comentó: «De mí, nadie podrá decir nada, pero yo siempre digo que no es tan malo violar el sexto mandamiento como violar el séptimo, porque al fin y al cabo se necesita el consentimiento de la otra parte». Ninguna de estas opiniones coincidía con lo que el señor Krutch presenta como típicamente Victoriano. Evidentemente, ha sacado sus ideas de ciertos autores que no estaban, ni mucho menos, en armonía con su ambiente. El mejor ejemplo, supongo, es Robert Browning. Sin embargo, no puedo evitar estar convencido de que hay algo que atufa en su concepto del amor.

Gracias a Dios, la más ruin de sus criaturas puede jactarse de tener dos facetas en su alma;una con la que se enfrenta al mundo y otra que mostrar a una mujer cuando la ama.

Esto da por supuesto que la combatividad es la única actitud posible hacia el mundo en general. ¿Por qué? Porque el mundo es cruel, diría Browning. Porque no te aceptará con el valor que tú te atribuyes, diríamos nosotros. Una pareja puede formar, como hicieron los Browning, una sociedad de admiración mutua. Es muy agradable tener a mano a alguien que siempre va a elogiar tu obra, tanto si lo merece como si no. Y no cabe duda de que Browning se consideraba un buen tipo, todo un hombre, cuando denunció a Fitzgerald en términos nada moderados por haberse atrevido a no admirar a Aurora Leigh. Pero no me parece que esta completa suspensión de la facultad crítica por ambas partes sea verdaderamente admirable. Está muy relacionada con el miedo y con el deseo de encontrar un refugio contra las frías ráfagas de la crítica imparcial. Muchos solterones aprenden a obtener la misma satisfacción en su propio hogar. Yo viví demasiado tiempo en la época victoriana para ser moderno según los criterios del señor Krutch. No he dejado de creer en el amor, ni mucho menos, pero la clase de amor en que creo no es del tipo que admiraban los Victorianos; es aventurero y siempre alerta, y aunque es consciente de lo bueno, eso no significa que ignore lo malo, ni pretende ser sagrado o santo. La atribución de estas cualidades al tipo de amor que se admiraba fue una consecuencia del tabú del sexo. Los Victorianos estaban plenamente convencidos de que casi todo el sexo es malo, y tenían que aplicar adjetivos exagerados a las modalidades que podían aprobar. Había más hambre de sexo que ahora, y esto, sin duda, hacía que la gente exagerara la importancia del sexo, como han hecho siempre los ascéticos. En la actualidad, atravesamos un período algo confuso, en el que mucha gente ha prescindido de los antiguos criterios sin adoptar otros nuevos. Esto les ha ocasionado diversos problemas, y como su subconsciente, en general, sigue creyendo en los viejos criterios, los problemas, cuando surgen, provocan desesperación, remordimiento y cinismo. No creo que sea muy grande el número de personas a las que les sucede esto, pero son de las que más ruido hacen en nuestra época. Creo que si comparásemos la juventud acomodada de nuestra época con la de la época victoriana, veríamos que ahora hay mucha más felicidad en relación con el amor, y mucha más fe auténtica en el valor del amor que hace sesenta años. Las razones que empujan al cinismo a ciertas personas tienen que ver con el predominio de los viejos ideales sobre el subconsciente y con la ausencia de una ética racional que permita a la gente de nuestros días regular su conducta. El remedio no está en lamentarse y sentir nostalgia del pasado, sino en aceptar valerosamente el concepto moderno y decidirse a arrancar de raíz, en todos sus oscuros escondites, las supersticiones oficialmentedescartadas.

No es fácil decir en pocas palabras por qué valora uno el amor; no obstante, lo voy a intentar. El amor hay que valorarlo en primer lugar —y éste, aunque no es su mayor valor, es imprescindible para todos los demás— como fuente de placeren sí mismo.

> *¡Oh, amor! Qué injustos son*
> *contigo los que dicen que tu*
> *dulzura es amarga,*
>
> *cuando tus ricos frutos son de tal*
> *maneraque no puede existir nada*
> *tan dulce.*

El autor anónimo de estos versos no buscaba una solución para el ateísmo, ni la clave del universo; estaba simplemente pasándoselo bien. Y el amor no solo es una fuente de placer, sino que su ausencia es una fuente de dolor. En segundo lugar, el amor hay que valorarlo porque acentúa todos los mejores placeres, como el de la música, el de la salida del sol en las montañas y el del mar bajo la luna llena. Un hombre que nunca haya disfrutado de las cosas bellas en compañía de una mujer a la que ama, no ha experimentado plenamente el podermágico del que son capaces dichas cosas. Además, el amor escapaz de romper la dura concha del ego, ya que es una forma de cooperación biológica en la que se necesitan las emocionesde cada uno para cumplir los objetivos instintivos del otro. Sehan dado en el mundo, en diversas épocas, varias filosofías dela soledad, algunas muy nobles y otras menos. Los estoicos y los primeros cristianos creían que el hombre podía experimentar el bien supremo que se puede experimentar en la vida humana mediante el simple ejercicio de su propia voluntad o, en cualquier caso, sin ayuda *humana*; otros han tenido como único objetivo de su vida el poder, y otros el mero placer personal. Todos éstos son filósofos solitarios, en el sentido de suponer que el bien es algo realizable en cada persona por separado, y no solo en una sociedad de personas más grande o más pequeña. En mi opinión, todos estos puntos de vista son falsos, y no solo en teoría ética, sino como expresiones de la mejor parte de nuestros instintos. El hombre depende de la cooperación, y la naturaleza le ha dotado, es cierto que no del todo bien, con el aparato instintivo del que puede surgir la cordialidad necesaria para la cooperación. El amor es la primera y la más común de las formas de emoción que facilitan la cooperación, y los que han experimentado el amor con cierta intensidad no se conformarán con una filosofía que suponga que el mayor bien consiste en ser independiente de la persona amada. En este aspecto, el amor de los padres es aún más poderoso, pero en los mejores casos el sentimiento parental es consecuencia del amor entre los padres. No pretendo decir que el amor, en su forma más elevada, sea algo común, pero sí sostengo que en su forma más elevada revela valores que de otro modo no se llegarían a conocer, y que posee en sí mismo un valor al que no afecta el escepticismo, por mucho que los escépticos incapaces de experimentarlo atribuyan falsamente su incapacidad a su escepticismo.

> *El amor verdadero es un fuego*
> *perdurable que arde eternamente en*
> *la mente.*
>
> *Nunca enferma, nunca muere, nunca se*
> *enfría, nunca se niega a sí mismo.*

Veamos ahora lo que el señor Krutch tiene que decir acerca de la tragedia. Sostiene, y en esto no puedo sino estar de acuerdo con él, que *Espectros* de Ibsen es inferior a *El rey Lear*. «Ni un mayor poder de expresión ni un mayor don para las palabras habrían podido transformar a Ibsen en Shakespeare. Los materiales con que este último creó sus obras —su concepto de la dignidad humana, su sentido de la importanciade las pasiones humanas, su visión de la amplitud de la vida humana— simplemente no existían ni podían existir para Ibsen, como no existían ni podían existir para sus contemporáneos. De algún modo, Dios, el Hombre y la Naturaleza han perdido estatura en los siglos transcurridos entre uno y otro, no porque el credo realista del arte moderno nos impulse a mirar a la gente mediana, sino porque esta medianía de la vida humana se nos impuso de algún modo mediante la aplicación del mismo proceso que condujo al desarrollo de teorías realistas del arte que pudieran justificar nuestra visión». Sin duda es cierto que el anticuado tipo de tragedia que trataba de príncipes con problemas no resulta adecuado para nuestraépoca, y cuando intentamos tratar del mismo modo los problemas de un individuo cualquiera el efecto no es el mismo. Sin embargo, la razón de que esto ocurra no es un deterioroen nuestra visión de la vida, sino justamente lo contrario. Se debe al hecho de que ya no consideramos a ciertos individuoscomo los grandes de la tierra, con derecho a pasiones trágicas, mientras que a todos los demás les toca solo afanarse y esforzarse para mantener la magnificencia de esos pocos. Shakespeare dice:

Cuando mueren los mendigos, no se ven cometas;

A la muerte de los príncipes, los cielos mismos arden.

En tiempos de Shakespeare, este sentimiento, si no se creía al pie de la letra, al menos expresaba un concepto de la vida prácticamente universal, aceptado de todo corazón por el propio Shakespeare. En consecuencia, la muerte del poeta Cinna es cómica, mientras que las muertes de César, Bruto y Casio son trágicas. Ahora hemos perdido el sentido de la importancia cósmica de una muerte individual porque nos hemos vuelto demócratas, no solo en las formas externas sino en nuestras convicciones más íntimas. Así pues, en nuestros tiempos las grandes tragedias tienen que ocuparse más de la comunidad que del individuo. Como ejemplo de lo que digo, propongo el *Massemensch* de Ernst Toller. No pretendo decir que esta obra sea tan buena como las mejores que se escribieron en las mejores épocas pasadas, pero sí sostengo que es comparable; es noble, profunda y real, trata de acciones heroicas y pretende «purificar al lector mediante la compasión y el terror», como dijo Aristóteles que había que hacer. Todavía existen pocos ejemplos de este tipo moderno de tragedia, ya que hay que abandonar la antigua técnica y las antiguas tradiciones sin sustituirlas por meras trivialidades cultas. Para escribir tragedia, hay que sentirla. Y para sentir la tragedia, hay que ser consciente del mundo en que uno vive, no solo con la mente sino con la sangre y los nervios. Durante todo su libro, el señor Krutch habla a intervalos de la desesperación, y uno queda conmovido por su heroica aceptación de un mundo desolado, pero la desolación se debe al hecho de que él y la mayoría de los hombres de letras no han aprendido aún a sentir las antiguas emociones en respuesta a nuevos estímulos. Los estímulos existen, pero no en los corrillos literarios. Los corrillos literarios no tienen contacto vital con la vida de la comunidad, y dicho contacto es necesario para que los sentimientos humanos tengan la seriedad y la profundidad que caracterizan tanto a la tragedia como a la auténtica felicidad. A todos los jóvenes con talento que van por ahí convencidos de que no tienen nada que hacer en el mundo, yo les diría:

«Deja de intentar escribir y en cambio intenta no escribir. Sal al mundo, hazte pirata, rey en Borneo u obrero en la Rusia soviética; búscate una existencia en que la satisfacción de necesidades físicas elementales ocupe todas tus energías». No recomiendo esta línea de acción a todo el mundo, sino solo a los que padecen la enfermedad diagnosticada por el señor Krutch. Creo que, al cabo de unos años de vivir así, el ex intelectual encontrará que, a pesar de sus esfuerzos, ya no puede contener el afán de escribir, y cuando llegue ese momento, lo que escriba ya no le parecerá tan fútil.

3

COMPETENCIA

Si le preguntan a cualquier estadounidense, o a cualquierhombre de negocios inglés, qué es lo que más le impide disfrutar de la existencia, contestará «la lucha por la vida». Lo dirá con toda sinceridad; está convencido de ello. En cierto sentido, es verdad; pero en otro, y se trata de unsentido muy importante, es rotundamente falso. La lucha porla vida, desde luego, es algo que ocurre. Puede ocurrirle acualquiera de nosotros si tiene mala suerte. Le ocurrió, porejemplo, a Falk, el héroe de Conrad, que se encontró en unbarco a la deriva, siendo uno de los dos únicos hombres de latripulación que disponían de armas de fuego, y con nada decomer excepto los demás hombres. Cuando ambos agotaronla comida en que podían estar de acuerdo, comenzó una auténtica lucha por la vida. Falk venció, pero se hizo vegetariano para el resto de sus días. Ahora bien, no es a esto a loque se refiere el hombre de negocios cuando habla de «la lucha por la vida». Se trata de una frase inexacta que ha adoptado para dar dignidad a algo básicamente trivial. Pregúntenle a cuántos hombres conoce, con su mismo estilo de vida, quehayan muerto de hambre. Pregúntenle qué les ocurrió a susamigos que se arruinaron. Todo el mundo sabe que un hombre de negocios arruinado vive mejor, en lo referente a comodidades materiales, que un hombre que nunca ha sido bastante rico como para tener ocasión de arruinarse. Así pues, cuando la gente habla de lucha por la vida, en realidad quierendecir lucha por el éxito. Lo que la gente teme cuando se enzarza en la lucha no es no poder conseguirse un desayuno a la mañana siguiente, sino no lograr eclipsar a sus vecinos.

Es muy curioso que tan pocas personas parezcan darse cuenta de que no están atrapadas en las garras de un mecanismo del que no hay escapatoria, sino que se trata de una noria en la que permanecen simplemente porque no se han percatado de que no les va a llevar a un nivel superior. Estoy pensando, por supuesto, en hombres que andan por los altos caminos delpoder, hombres que ya disponen de buenos ingresos y que, si quisieran, podrían vivir con lo que tienen. Hacer eso les parecería vergonzoso, como desertar del ejército a la vista del enemigo, pero si les preguntas a qué causa pública están sirviendo con su trabajo no sabrán qué responder, excepto repitiendo todas las perogrulladas típicas de los anuncios sobre la dureza de la vida.

Consideremos la vida de uno de estos hombres. Podemos suponer que tiene una casa encantadora, una esposa encantadora y unos hijos encantadores. Se levanta por la mañana temprano, cuando ellos aún duermen, y sale a toda prisa haciasu despacho. Allí, su deber es desplegar las cualidades de un gran ejecutivo; cultiva una mandíbula firme, un modo de hablar decidido y un aire de sagaz reserva calculado para impresionar a todo el mundo excepto al botones. Dicta cartas, conversa por teléfono con varias personas importantes, estudia el mercado y, llegada la hora, sale a comer con alguna persona con la que está haciendo o espera hacer un trato. Este mismo tipo de cosas se prolonga durante toda la tarde. Llega a casa cansado, con el tiempo justo para vestirse para la cena. En la cena, él y otros varios hombres cansados tienen que fingir que disfrutan con la compañía de señoras que aún no han tenido ocasión de cansarse. Es imposible predecir cuántas horas tardará el pobre hombre en poder escapar. Por fin, se va a dormir y durante unas pocas horas la tensión se relaja.

La vida laboral de este hombre tiene la psicología de una carrera de cien metros, pero como la carrera en que participa tiene como única meta la tumba, la concentración, que sería adecuada para una carrera de cien metros, llega a ser algo excesiva. ¿Qué sabe este hombre de sus hijos? Los días laborables está en su despacho; los domingos está en el campo de golf. ¿Qué sabe de su mujer? Cuando la deja por la mañana, ella está dormida. Durante toda la velada, él y ella están comprometidos en actos sociales que impiden la conversacióníntima. Probablemente, el hombre no tiene amigos que le importen de verdad, aunque hay muchas personas con las que finge una cordialidad que le gustaría sentir. De la primavera yla cosecha solo sabe lo que afecta al mercado; probablemente, ha visto países extranjeros, pero con ojos de total aburrimiento. Los libros le parecen una tontería, y la música cosa de intelectuales. Año tras año, se va encontrando cada vez más solo; su atención se concentra cada vez más y su vida, aparte de los negocios, es cada vez más estéril. He visto algún estadounidense de este tipo, ya de edad madura, en Europa, consu esposa y sus hijas. Evidentemente, éstas habían convencido al pobre hombre de que ya era hora de tomarse unas vacaciones y dar a sus hijas la oportunidad de conocer el Viejo Mundo. La madre y las hijas, extasiadas, le rodean y llaman su atención hacia todo nuevo elemento que les parezca típico.El *pater familias*, completamente agotado y completamente aburrido, se pregunta qué estarán haciendo en su oficina en ese momento, o qué estará ocurriendo en la liga de béisbol.Al final, sus mujeres dan el caso por perdido y llegan a la conclusión de que todos los varones son unos patanes. Nunca se les ocurre pensar que el hombre es una víctima de la codicia de ellas; y tampoco es esta toda la verdad, como tampoco la costumbre hindú de quemar a las viudas es exactamente lo que parece a los ojos de un europeo. Probablemente, en nueve de cada diez casos, la viuda era una víctima voluntaria, dispuesta a morir quemada para alcanzar la gloria y porque la religión lo exigía. La religión y la gloria del hombre de negocios exigen que gane mucho dinero; por tanto, igual que la viuda hindú, sufre de buena gana el tormento. Para ser feliz, el hombre de negocios estadounidense tiene antes que cambiar de religión. Mientras no solo desee el éxito, sino que estésinceramente convencido de que el deber de un hombre es perseguir el éxito y que el hombre que no lo hace es un pobre diablo, su vida estará demasiado concentrada y tendrá demasiada ansiedad para ser feliz.

Consideremos una cuestión sencilla, como las inversiones. Casi todos los norteamericanos preferirían obtener un 8 por ciento con una inversión arriesgada que un 4 por ciento con una inversión segura. La consecuencia es que se pierde dinero con frecuencia y las preocupaciones y las angustias son constantes. Por mi parte, lo que me gustaría obtener del dinero es tiempo libre y seguridad. Pero lo que quiere obtener el típico hombre moderno es más dinero, con vistas a la ostentación, el esplendor y el eclipsamiento de los que hasta ahora han sido sus iguales. La escala social en Estados Unidos es indefinida y fluctúa continuamente. En consecuencia, todas las emociones esnobistas son más inestables que en los países donde el orden social es fijo; y aunque puede que el dinero no baste por sí mismo para engrandecer a la gente, es difícil ser grande sin dinero. Además, a los cerebros se les mide por el dinero que ganan. Un hombre que gana mucho dinero es un tipo inteligente; el que no logana, no lo es. A nadie le gusta que piensen que es tonto. Por tanto, cuando el mercado está inestable, el hombre se siente como los estudiantes durante un examen.

Creo que habría que admitir que en las angustias de un hombre de negocios interviene con frecuencia un elemento de miedo auténtico, aunque irracional, a las consecuencias de la ruina. El Clayhanger de Arnold Bennett, a pesar de su riqueza, seguía teniendo miedo de morir en el asilo. No me cabe duda de que aquellos que en su infancia sufrieron mucho a causa de la pobreza viven atormentados por el terror a que sushijos sufran de manera similar, y les parece que es casi imposible acumular suficientes millones para protegerse contra ese desastre. Probablemente, estos temores son inevitables en la primera generación, pero es mucho menos probable que afecten a los que nunca han conocido mucha pobreza. En cualquier caso, son un factor secundario y algo excepcional del problema.

La raíz del problema está en la excesiva importancia que se da al éxito competitivo como principal fuente de felicidad.No niego que la sensación de éxito hace más fácil disfrutar dela vida. Un pintor, pongamos por caso, que ha permanecido desconocido durante toda su juventud, seguramente será más feliz si se reconoce su talento. Tampoco niego que el dinero, hasta cierto punto, es muy capaz de aumentar la felicidad; pero más allá de ese punto, no creo que lo haga. Lo que sostengo es que el éxito únicamente puede ser un ingrediente de la felicidad, y saldrá muy caro si para obtenerlo se sacrifican todos los demás ingredientes.

El origen de este problema es la filosofía de la vida predominante en los círculos comerciales. Es cierto que en Europa todavía existen otros círculos con prestigio. En algunos países existe una aristocracia; en todos hay profesiones prestigiosas, y en casi todos los países, excepto en los más pequeños, el ejército y la marina inspiran gran respeto. Pero aunque es cierto que siempre hay un elemento de competencia por el éxito, sea cual fuere la profesión, también es cierto que lo quese respeta no es el mero éxito, sino la excelencia, del tipo que sea, a la que se ha debido el éxito. Un hombre de ciencia puede ganar dinero o no, pero desde luego no es más respetado silo gana que si no lo gana. A nadie le sorprende enterarse de que un ilustre general o almirante es pobre; de hecho, en tales circunstancias, la pobreza misma es un honor. Por estas razones, en Europa la lucha competitiva puramente monetaria está limitada a ciertos círculos, que posiblemente no son los más influyentes ni los más respetados. En Estados Unidos la situación es distinta. La milicia representa un papel muy poco importante en la vida nacional para que sus valores ejerzan alguna influencia. En cuanto a las profesiones de prestigio, ningún profano puede decir si un médico sabe realmente mucho de medicina o si un abogado sabe mucho de derecho, por lo que resulta más fácil juzgar sus méritos por los ingresos, reflejados en su nivel de vida. Los profesores, por su parte, son servidores a sueldo de los hombres de negocios, y como tales inspiran menos respeto que el que se les rinde en países más antiguos. La consecuencia de todo esto es que en Estados Unidos los profesionales imitan a los hombres de negocios, y no constituyen un tipo aparte como en Europa. Por consiguiente, en todo el sector de las clases acomodadas no hay nada que mitigue la lucha cruda y concentrada por el éxito financiero.

Desde muy jóvenes, los chicos estadounidenses están convencidos de que esto es lo único que importa, y no quieren que se les moleste con formas de educación desprovistas de valor pecuniario. En otro tiempo, la educación estaba concebida en gran parte como una formación de la capacidad de disfrute (me refiero a las formas más delicadas de disfrute, que no son accesibles para la gente completamente inculta). En el siglo XVIII, una de las características del «caballero» era entender y disfrutar de la literatura, la pintura y la música.En la actualidad, podemos no estar de acuerdo con sus gustos,pero al menos eran auténticos. El hombre rico de nuestros tiempos tiende a ser de un tipo muy diferente. Nunca lee. Si decide crear una galería de pintura con el fin de realzar su fama, delega en expertos para elegir los cuadros; el placer quele proporcionan no es el placer de mirarlos, sino el placer de impedir que otros ricos los posean. En cuanto a la música, si es judío puede que sepa apreciarla; si no lo es, será tan incultocomo en todas las demás artes. El resultado de todo esto es que no sabe qué hacer con su tiempo libre. El pobre hombre se queda sin nada que hacer como consecuencia de su éxito. Esto es lo que ocurre inevitablemente cuando el éxito es el único objetivo de la vida. A menos que se le haya enseñado qué hacer con el éxito después de conseguirlo, el logro dejará inevitablemente al hombre presa del aburrimiento.

El hábito mental competitivo invade fácilmente regiones que no le corresponden. Consideremos, por ejemplo, la cuestión de la lectura. Existen dos motivos para leer un libro: una, disfrutar con él; la otra, poder presumir de ello. En Estados Unidos se ha puesto de moda entre las señoras leer (o aparentar leer) ciertos libros cada mes; algunas los leen, otras leen el primer capítulo, otras leen las reseñas de prensa, pero todas tienen esos libros encima de sus mesas. Sin embargo, no leen ninguna obra maestra. Jamás se ha dado un mes en que *Hamlet* o *El rey Lear* hayan sido seleccionados por los Clubes del Libro; jamás se ha dado un mes en que haya sido necesario saber algo de Dante. En consecuencia, se leen exclusivamente libros modernos mediocres, y nunca obras maestras. Estotambién es un efecto de la competencia, puede que no deltodo malo, ya que la mayoría de las señoras en cuestión, si se las dejara a su aire, lejos de leer obras maestras, leería libros aún peores que los que seleccionan para ellas sus pastores y maestros literarios.

La insistencia en la competencia en la vida moderna está relacionada con una decadencia general de los criterios civilizados, como debió de ocurrir en Roma después de la era de Augusto. Hombres y mujeres parecen incapaces de disfrutar de los placeres más intelectuales. El arte de la conversación general, por ejemplo, llevado a la perfección en los salones franceses del siglo XVIII, era todavía una tradición viva hace cuarenta años. Era un arte muy exquisito, que ponía en acción las facultades más elevadas para un propósito completamente efímero. Pero ¿a quién le interesa en nuestra época una cosa tan apacible? En China, el arte todavía florecía en toda su perfección hace diez años, pero supongo que, desde entonces, el ardor misionero de los nacionalistas lo habrá barrido por completo hasta hacerlo desaparecer. El conocimiento de la buena literatura, que era universal entre la gente educada hace cincuenta o cien años, está ahora confinado a unos cuantos profesores. Todos los placeres tranquilos han sido abandonados. Unos estudiantes estadounidenses me llevaron a pasearen primavera por un bosque cercano a su universidad; estaba lleno de bellísimas flores silvestres, pero ni uno de mis guías conocía el nombre de una sola de ellas. ¿Para qué les iba a servir semejante conocimiento? No podía aumentar los ingresos de nadie.

El problema no afecta simplemente al individuo, ni puede evitarlo un solo individuo en su propio caso aislado. El problema nace de la filosofía de la vida que todos han recibido, según la cual la vida es una contienda, una competición, en la que solo el vencedor merece respeto. Esta visión de la vida conduce a un cultivo exagerado de la voluntad, a expensas de los sentidos y del intelecto. Aunque es posible que, al decir esto, estemos poniendo el carro delante de los caballos. Los moralistas puritanos han insistido siempre en la importancia de la voluntad en los tiempos modernos, aunque en un principio insistían más aún en la fe. Es posible que la época del puritanismo engendrara una raza en la que la voluntad se había desarrollado en exceso mientras los sentidos y el intelecto quedaban subalimentados, y que dicha raza adoptara la filosofía de la competencia por ser la más adecuada a su carácter. Sea como fuere, el prodigioso éxito de estos modernos dinosaurios que, como sus prototipos prehistóricos, prefieren el poder a la inteligencia, está dando lugar a que todos los imiten: se han convertido en el modelo del hombre blanco en todas partes, y lo más probable es que esto se siga acentuando durante los próximos cien años. Sin embargo, los que no siguen la moda pueden consolarse pensando que, a la larga, los dinosaurios no triunfaron; se exterminaron unos a otros, y los espectadores inteligentes heredaron su reino. Nuestros dinosaurios modernos se están exterminando solos. Por término medio, no tienen más que dos hijos por pareja; no disfrutande la vida lo suficiente como para desear engendrar hijos. A estas alturas, la sumamente exigente filosofía que han heredado de sus antepasados puritanos ha demostrado no estar adaptada al mundo. Las personas cuyo concepto de la vida hace que sientan tan poca felicidad que no les interesa engendrar hijos están biológicamente condenadas. No tardarán mucho en ser sustituidas por algo más alegre y festivo.

La competencia, considerada como lo más importante de la vida, es algo demasiado triste, demasiado duro, demasiado cuestión de músculos tensos y voluntad firme, para servir como base de la vida durante más de una o dos generaciones, como máximo. Después de ese plazo tiene que provocar fatiga nerviosa, diversos fenómenos de escape, una búsqueda de placeres tan tensa y tan difícil como el trabajo (porque relajarse resulta ya imposible), y al final la desaparición de la estirpe por esterilidad. No es solo el trabajo lo que ha quedado envenenado por la filosofía de la competencia; igualmente envenenado ha quedado el ocio. El tipo de ocio tranquilo y restaurador de los nervios se considera aburrido. Tiene que haber una continua aceleración, cuyo desenlace natural serán las drogas y el colapso. El remedio consiste en reconocer la importancia del disfrute sano y tranquilo en un ideal de vida equilibrado.

4

ABURRIMIENTO Y EXCITACIÓN

El aburrimiento como factor de la conducta humana ha recibido, en mi opinión, mucha menos atención de la que merece. Estoy convencido de que ha sido una de las grandes fuerzas motrices durante toda la época histórica, y en la actualidad lo es más que nunca. El aburrimiento parece ser una emoción característicamente humana. Es cierto que los animales en cautividad se vuelven indiferentes, pasean de un lado a otro y bostezan, pero en su estado natural no creo que experimenten nada parecido al aburrimiento. La mayor parte del tiempo tienen que estar alerta para localizar enemigos, comida o ambas cosas; a veces están apareándose y otrasveces están intentando mantenerse abrigados. Pero no creo que se aburran, ni siquiera cuando son desgraciados. Es posible que los simios antropoides se nos parezcan en este aspecto, como en tantos otros, pero como nunca he convivido con ellos no he tenido la oportunidad de hacer el experimento. Uno de los aspectos fundamentales del aburrimiento consiste en el contraste entre las circunstancias actuales y algunas otras circunstancias más agradables que se abren camino de manera irresistible en la imaginación. Otra condición fundamental es que las facultades de la persona no estén plenamente ocupadas. Huir de los enemigos que pretenden quitarnos la vida es desagradable, me imagino, pero desde luego no es aburrido. Ningún hombre se aburre mientras lo están ejecutando, a menos que tenga un valor casi sobrehumano. De manera similar, nadie ha bostezado durante su primer discursoen la Cámara de los Lores, con excepción del difunto duquede Devonshire, que de este modo se ganó la reverencia de sus señorías. El aburrimiento es básicamente un deseo frustrado de que ocurra algo, no necesariamente agradable, sino tan solo algo que permita a la víctima del *ennui* distinguir un día de otro. En una palabra: lo contrario del aburrimiento no es el placer, sino la excitación.

El deseo de excitación está profundamente arraigado en los seres humanos, sobre todo en los varones. Supongo que en la fase cazadora resultaba más fácil satisfacerlo que en épocas posteriores. La caza era excitante, la guerra era excitante, cortejar a una mujer era excitante. Un salvaje se las arreglará para cometer adulterio con una mujer mientras el marido de esta duerme a su lado, sabiendo que le aguarda una muerte segura si el marido se despierta. Esta situación, me imagino yo, no es aburrida. Pero con la invención de la agricultura, la vida comenzó a volverse tediosa, excepto para los aristócratas, por supuesto, que seguían estando —y aún siguen— en la fase cazadora. Hemos oído hablar mucho sobre el tedio del maquinismo, pero yo creo que el tedio de la agricultura con métodos antiguos era por lo menos igual de grande. De hecho, contra lo que sostienen casi todos los filántropos, yo diría que la era de las máquinas ha hecho disminuir considerablemente la cantidad total de aburrimiento en el mundo. Las horas de trabajo de los asalariados no son solitarias, y las horas nocturnas se pueden dedicar a una variedad de diversiones que eran imposibles en una aldea rural antigua. Consideremos una vez más lo que ha cambiado la vida de la clase media baja. En otros tiempos, después de cenar, cuando la esposa y las hijas habían recogido las cosas, todos se sentaban a pasar lo que se llamaba «un agradable rato en familia». Esto significaba que el padre de familia se quedaba dormido, su mujer hacía punto y las hijas deseaban estar muertas o en Tombuctú. No se les permitía leer ni salir de la habitación, porque la teoría decía que durante aquel rato el padre conversaba con ellas, lo cual tenía que ser un placer para todos los interesados. Con suerte, acababan casándose y así tenían ocasión de infligir a sus hijas una juventud tan lúgubre como había sido la suya. Si no tenían suerte, se convertían en solteronas, y quizá incluso en ancianas decrépitas, un destino tan horrible como el peor que pudieran reservar los salvajes para sus víctimas. Hay que tener en cuenta toda esta carga de aburrimiento cuando pensamos en el mundo de hace cien años; y si nos remontamos más atrás en el tiempo, el aburrimiento es aún peor. Imaginemos la monotonía del invierno en una aldea medieval. La gente no sabía leer ni escribir, solo tenían velas para alumbrarse después de anochecer, el humo de su único fuego llenaba la única habitación que no estaba espantosamente fría. Los caminos eran prácticamente intransitables, de modo que casi nunca veían a personas de otras aldeas. Seguroque el aburrimiento contribuyó en gran medida a la prácticade la caza de brujas, el único deporte que podía animar las noches de invierno.

Ahora nos aburrimos menos que nuestros antepasados, pero tenemos más miedo de aburrirnos. Ahora sabemos, o más bien creemos, que el aburrimiento no forma parte del destino natural del hombre, sino que se puede evitar si ponemos suficiente empeño en buscar excitación. En la actualidad, las chicas se ganan la vida, en gran parte porque esto les permite buscar excitación por las noches y escapar del «agradable rato en familia» que sus abuelas tenían que soportar. Todo el que puede vive en una ciudad; en Estados Unidos, los que no pueden, tienen coche, o al menos una motocicleta, para ir al cine. Y por supuesto, tienen radio en sus casas. Chicos y chicas se encuentran con mucha menos dificultad que antes, y cualquier chica de servicio espera disfrutar, por lo menos una vez a la semana, de tal cantidad de excitación que a una heroína de Jane Austen le habría durado toda una novela. A medida que ascendemos en la escala social, la búsqueda de excitación se hace cada vez más intensa. Los que pueden permitírselo están desplazándose constantemente de un lado a otro, llevando consigo alegría, bailes y bebida, pero por alguna razón esperan disfrutar más de estas cosas en un sitio nuevo. Los que tienen que ganarse la vida reciben obligatoriamente su cuota de aburrimiento en las horas de trabajo, pero los que disponen de dinero suficiente para librarse de la necesidad de trabajar tienen como ideal una vida completamente libre de aburrimiento. Es un noble ideal, y líbreme Dios de vituperarlo, pero me temo que, como otros ideales, es más difícil de conseguir que lo que suponen los idealistas. Al fin yal cabo, las mañanas son aburridas en proporción a lo divertidas que fueron las noches anteriores. Se llegará a la edad madura y puede que incluso a la vejez. A los veinte años, los jóvenes piensan que la vida se termina a los treinta. Yo, que tengo cincuenta y ocho, no puedo ya sostener esa opinión. Posiblemente, tan insensato es gastar el capital vital como el capital financiero. Puede que cierto grado de aburrimiento seaun ingrediente necesario de la vida. El deseo de escapar del aburrimiento es natural; de hecho, todas las razas humanas lo han manifestado en cuanto han tenido ocasión. Cuando los salvajes probaron por primera vez el alcohol que les ofrecían los hombres blancos, encontraron por fin un modo de escapar de su milenario tedio, y, excepto cuando el gobierno ha interferido, se han emborrachado hasta morir de diversión. Las guerras, los pogromos y las persecuciones han formado parte de las vías de escape del aburrimiento; incluso pelearse con los vecinos era mejor que nada. Así pues, el aburrimiento es un problema fundamental para el moralista, ya que por lo menos la mitad de los pecados de la humanidad se cometen por miedo a aburrirse.

Sin embargo, el aburrimiento no debe considerarse absolutamente malo. Existen dos clases, una de las cuales es fructífera mientras que la otra es ridícula. La fructífera se basa enla ausencia de drogas, mientras que la ridícula en la ausencia de actividades vitales. No pretendo decir que las drogas no puedan desempeñar nunca un buen papel en la vida. Hay momentos, por ejemplo, en que el médico inteligente recetará un opiáceo, y creo que dichos momentos son más frecuentes que lo que suponen los prohibicionistas. Pero, desde luego, el ansia de drogas es algo que no se puede dejar a merced de los impulsos naturales desatados. Y el tipo de aburrimiento que experimenta la persona habituada a las drogas cuando se ve privada de ellas es algo para lo que no puedo sugerir ningún remedio, aparte del tiempo. Pues bien, lo que se aplica a las drogas se puede aplicar, dentro de ciertos límites, a todo tipo de excitación. Una vida demasiado llena de excitación es una vida agotadora, en la que se necesitan continuamente estímulos cada vez más fuertes para obtener la excitación que se ha llegado a considerar como parte esencial del placer. Una persona habituada a un exceso de excitación es como una persona con una adicción morbosa a la pimienta, que acaba por encontrar insípida una cantidad de pimienta que ahogaría a cualquier otro. Evitar el exceso de excitación siempre lleva aparejado cierto grado de aburrimiento, pero el exceso de excitación no solo perjudica la salud sino que embota el paladar para todo tipo de placeres, sustituyendo las satisfacciones orgánicas profundas por meras titilaciones, la sabiduría por la maña y la belleza por sorpresas picantes. No quiero llevar al extremo mis objeciones a la excitación. Cierta cantidad es sana, pero, como casi todo, se trata de una cuestión cuantitativa. Demasiado poca puede provocar ansias morbosas, en exceso provoca agotamiento. Así pues, para llevar una vida feliz es imprescindible cierta capacidad de aguantar el aburrimiento, y ésta es una de las cosas que se deberían enseñar alos jóvenes.

Todos los grandes libros contienen partes aburridas, y todas las grandes vidas han incluido períodos sin ningún interés. Imaginemos a un moderno editor estadounidense al que le presentan el Antiguo Testamento como si fuera un manuscrito nuevo, que ve por primera vez. No es difícil imaginar cuáles serían sus comentarios, por ejemplo, acerca de las genealogías. «Señor mío», diría, «a este capítulo le falta garra. No esperará usted que los lectores se interesen por una simple lista de nombres propios de personas de las que no se nos cuenta casi nada. Reconozco que el comienzo de la historia tiene mucho estilo, y al principio me impresionó favorablemente, pero se empeña usted demasiado en contarlo todo. Realce los momentos importantes, quite lo superfluo y vuelvaa traerme el manuscrito cuando lo haya reducido a una extensión razonable». Eso diría el editor moderno, sabiendo que el lector moderno teme aburrirse. Lo mismo diría de los clásicos confucianos, del Corán, de *El Capital* de Marx y de todos los demás libros consagrados que han vendido millones de ejemplares. Y esto no se aplica únicamente a los libros consagrados. Todas las mejores novelas contienen pasajes aburridos. Una novela que eche chispas desde la primera página a la última seguramente no será muy buena novela. Tampoco las vidas de los grandes hombres han sido apasionantes, excepto en unos cuantos grandes momentos. Sócrates disfrutaba de un banquete de vez en cuando y seguro que se lo pasó muy bien con sus conversaciones mientras la cicuta le hacía efecto, pero la mayor parte de su vida vivió tranquilamente con Xantipa, dando un paseíto por la tarde y tal vez encontrándose con algunos amigos por el camino. Se dice que Kant nunca se alejó más de quince kilómetros de Königsberg en toda su vida. Darwin, después de dar la vuelta al mundo, se pasó el resto de su vida en su casa. Marx, después de incitar a unas cuantas revoluciones, decidió pasar el resto de sus días en el Museo Británico. En general, se comprobará que la vida tranquila es una característica de los grandes hombres, y que sus placeres no fueron del tipo que parecería excitante a ojos ajenos. Ningún gran logro es posible sin trabajo persistente, tan absorbente y difícil que queda poca energía para las formas de diversión más fatigosas, exceptuando las que sirven para recuperar la energía física durante los días de fiesta, cuyo mejor ejemplo podría ser el alpinismo.

La capacidad de soportar una vida más o menos monótona debería adquirirse en la infancia. Los padres modernos tienen mucha culpa en este aspecto; proporcionan a sus hijos demasiadas diversiones pasivas, como espectáculos y golosinas, y no se dan cuenta de la importancia que tiene para un niño que un día sea igual a otro, exceptuando, por supuesto, las ocasiones algo especiales. En general, los placeres de la infancia deberían ser los que el niño extrajera de su entorno aplicando un poco de esfuerzo e inventiva. Los placeres excitantes y que al mismo tiempo no supongan ningún esfuerzo físico, como por ejemplo el teatro, deberían darse muy de tarde en tarde. La excitación es como una droga, que cada vez se necesita en mayor cantidad, y la pasividad física que acompañaa la excitación es contraria al instinto. Un niño, como una planta joven, se desarrolla mejor cuando se le deja crecer sin perturbaciones en la misma tierra. El exceso de viajes, la excesiva variedad de impresiones, no son buenos para los jóvenes, y son la causa de que, a medida que crecen, se vuelvan incapaces de soportar la monotonía fructífera. No pretendo decir que la monotonía tenga méritos por sí misma; solo digo que ciertas cosas buenas no son posibles excepto cuando hay cierto grado de monotonía. Consideremos, por ejemplo, el *Preludio* de Wordsworth: a todo lector le resultará obvio que lo que hay de valioso en las ideas y sentimientos de Wordsworth sería imposible para un joven urbano sofisticado. Un chico o un joven que tenga algún propósito constructivo serio aguantará voluntariamente grandes cantidades de aburrimiento si lo considera necesario para sus fines. Pero los propósitos constructivos no se forman fácilmente en la mente de un muchacho si este vive una vida de distracciones y disipaciones, porque en este caso sus pensamientos siempre estarán dirigidos al próximo placer y no al distante logro. Por todas estas razones, una generación incapaz de soportar el aburrimiento será una generación de hombres pequeños, de hombres excesivamente disociados de los lentos procesos de la naturaleza, de hombres en los que todos los impulsos vitales se marchitan poco a poco, como las flores cortadas en un jarrón.

No me gusta el lenguaje místico, pero no sé cómo expresar lo que quiero decir sin emplear frases que suenan más poéticas que científicas. Podemos pensar lo que queramos, pero somos criaturas de la tierra; nuestra vida forma parte de la vida de la tierra, y nos nutrimos de ella, igual que las plantas y los animales. El ritmo de la vida de la tierra es lento; el otoño y el invierno son tan imprescindibles como la primavera y el verano, el descanso es tan imprescindible como el movimiento. Para el niño, más aún que para el hombre, es necesario mantener algún contacto con los flujos y reflujos de la vida terrestre. El cuerpo humano se ha ido adaptando durante millones de años a este ritmo, y la religión ha encarnado parte del mismo en la fiesta de Pascua. Una vez vi a un niño de dos años, criado en Londres, salir por primera vez a pasear por el campo verde. Estábamos en invierno, y todo se encontraba mojado y embarrado. A los ojos de un adulto aquello no teníanada de agradable, pero al niño le provocó un extraño éxtasis;se arrodilló en el suelo mojado y apoyó la cara en la hierba, dejando escapar gritos semi articulados de placer. La alegría que experimentaba era primitiva, simple y enorme. La necesidad orgánica que estaba satisfaciendo es tan profunda que los que se ven privados de ella casi nunca están completamente cuerdos. Muchos placeres, y el juego puede ser un buen ejemplo, no poseen ningún elemento de este contacto con la tierra. Dichos placeres, en el instante en que cesan, dejan al hombre apagado e insatisfecho, hambriento de algo que no sabe qué es. Estos placeres no dan nada que pueda llamarse alegría. En cambio, los que nos ponen en contacto con la vida de la tierra tienen algo profundamente satisfactorio; cuando cesan, la felicidad que provocaron permanece, aunque su intensidad mientras duraron fuera menor que la de las disipaciones más excitantes. La distinción que tengo en mente recorre toda la gama de actividades, desde las más simples a las más civilizadas. El niño de dos años del que hablaba hace un momento manifestó la forma más primitiva posible de unión con la vida de la tierra.

Pero lo mismo ocurre, en una forma más elevada, con la poesía. Lo que inmortaliza los versos de Shakespeare es que están repletos de esa misma alegría que impulsó al niño de dos años a besar la hierba. Pensemos en «Hark, hark, the lark» o en «Come unto these yellow sands»; lo que vemos en estos poemas es la expresión civilizada de la misma emoción que nuestro niño de dos años solo podía expresar con gritos inarticulados. O bien consideremos la diferencia entre el amor y la mera atracción sexual. El amor es una experiencia en la que todo nuestro ser se renueva y refresca como las plantas cuando llueve después de una sequía. En el acto sexual sin amor no hay nada de esto. Cuando el placer momentáneo termina, solo queda fatiga, disgusto y la sensación de que la vida está vacía. El amor forma parte de la vida en la tierra; el sexo sin amor, no.

La clase especial de aburrimiento que sufren las poblaciones urbanas modernas está íntimamente relacionada con su separación de la vida en la tierra. Esto es lo que hace que la vida esté llena de calor, polvo y sed, como una peregrinación porel desierto. Entre los que son lo bastante ricos para elegir su modo de vida, la clase particular de insoportable aburrimiento que padecen se debe, por paradójico que esto parezca, a su miedo a aburrirse. Al huir del aburrimiento fructífero caen en las garras de otro mucho peor. Una vida feliz tiene que ser, engran medida, una vida tranquila, pues solo en un ambiente tranquilo puede vivir la auténtica alegría.

5

FATIGA

Hay muchas clases de fatiga, algunas de las cualesconstituyen un obstáculo para la felicidad mucho más grave que otras. La fatiga puramente física, siempre que no sea excesiva, tiende en todo caso a contribuir a la felicidad; provoca sueño profundo y buen apetito, y añade atractivo a los placeres posibles en los días de fiesta. Pero cuando es excesiva se convierte en algo muy malo. Excepto en las comunidades más avanzadas, las mujeres campesinas son viejas a los treinta años, consumidas por el trabajo excesivo. En los primeros tiempos del industrialismo, los niños sufrían problemas de crecimiento y con frecuencia morían prematuramente a causa del exceso de trabajo. Lo mismo sigue sucediendo en China y en Japón, donde el industrialismo es reciente; en cierta medida, también ocurre en los países suramericanos. El trabajo físico, más allá de ciertos límites, es una tortura atroz, y con mucha frecuencia se ha llevado a extremos que hacen la vida insoportable. En las partes más avanzadas del mundo moderno, sin embargo, la fatiga física se ha reducido muchísimo gracias a las mejoras de las condiciones industriales. En las comunidades avanzadas, la clase de fatiga más grave en nuestros tiempos es la fatiga nerviosa. Curiosamente, este tipo de fatiga es mucho más acusado entre las personas acomodadas, y tiende a darse mucho menos entrelos asalariados que entre los hombres de negocios y profesionales intelectuales.

Escapar de la fatiga nerviosa en la vida moderna es una cosa muy difícil. En primer lugar, durante las horas de trabajo y sobre todo en el tiempo que pasa entre su casa y el trabajo, el trabajador urbano está expuesto a ruidos, aunque es cierto que ha aprendido a no oír conscientemente la mayor parte deellos; pero aun así le van desgastando, a lo que contribuye el esfuerzo subconsciente que hace para no oírlos. Otra cosa que causa fatiga sin que seamos conscientes de ello es la presencia constante de extraños. El instinto natural del hombre, y de otros animales, es investigar a todo desconocido de su misma especie, con objeto de decidir si debe tratarle de modo amistoso u hostil. Este instinto tiene que ser reprimido por los que viajan en metro a las horas punta, y el resultado de la inhibición es que sienten una rabia difusa y general contra todos losdesconocidos con los que entran en contacto involuntario.También hay que tener en cuenta la prisa por coger el tren por la mañana, con la consiguiente dispepsia. En consecuencia, para cuando llega a la oficina y comienza su jornada laboral, el trabajador urbano tiene ya los nervios de punta y una tendencia a considerar que la raza humana es una molestia. Su jefe, que llega con el mismo humor, no hace nada por disiparlo en su empleado. El miedo al despido obliga a éste a comportarse con cortesía, pero esta conducta antinatural acentúala tensión nerviosa. Si una vez a la semana se permitiera a los empleados tirarle de las narices al jefe e indicarle de otras maneras lo que piensan de él, se aliviaría su tensión nerviosa; pero para el jefe, que también tiene sus problemas, esto no arreglaría las cosas. Lo que para el empleado es el miedo al despido, para el jefe es el miedo a la bancarrota. Es cierto quealgunos son lo bastante grandes para estar por encima de este miedo, pero, por lo general, para alcanzar una posición tan elevada han tenido que pasar años de lucha agotadora, durante los que tuvieron que esforzarse para estar al corriente de lo que ocurría en todas las partes del mundo y frustrar constantemente las maquinaciones de sus competidores. El resultado de todo esto es que cuando les llegó el éxito sus nervios estaban ya destrozados, tan acostumbrados a la ansiedad que nose pueden librar de ese hábito cuando la necesidad ya ha pasado. Es cierto que algunos son hijos de padres ricos, pero por lo general han conseguido fabricarse ansiedades lo más parecidas posible a las que habrían sufrido si no hubieran nacido ricos. Con el juego y las apuestas se granjean la desaprobación de sus padres; al perder horas de sueño para gozar de sus diversiones, debilitan su mente; y para cuando sientan la cabeza, se han vuelto tan incapaces de ser felices como lo fueron sus padres. Voluntaria o involuntariamente, por elección o por necesidad, casi todos los modernos llevan una vida exasperante, y están siempre demasiado cansados para ser capaces de disfrutar sin la ayuda del alcohol.

Dejando aparte a los ricos que simplemente son tontos, consideremos el caso más corriente de aquéllos cuya fatiga se deriva del trabajo agotador para ganarse la vida. En gran medida, la fatiga en estos casos se debe a las preocupaciones, y las preocupaciones se pueden evitar con una mejor filosofía de la vida y con un poco más de disciplina mental. La mayoría de los hombres y de las mujeres son incapaces de controlar sus pensamientos. Con esto quiero decir que no pueden dejar de pensar en cosas preocupantes en momentos en que no se puede hacer nada al respecto. Los hombres se llevan sus problemas del trabajo a la cama y, durante la noche, cuando deberían estar cobrando nuevas fuerzas para afrontar los problemas de mañana, no paran de darles vueltas en la cabeza a problemas con los que en ese momento no pueden hacer nada, pensando en ellos, pero no de un modo que inspire una línea de conducta adecuada para el día siguiente, sino de esa manera medio loca que caracteriza las atormentadas meditaciones del insomnio. Parte de esta locura nocturna se les queda pegada por la mañana, nublando su entendimiento, poniéndoles de mal humor y haciendo que se enfurezcan ante cualquier obstáculo. El sabio solo piensa en sus problemas cuando tiene algún sentido hacerlo; el resto del tiempo piensa en otras cosas o, si es de noche, no piensa en nada. No pretendo sugerir que en una gran crisis —por ejemplo, cuando la ruina es inminente o cuando un hombre tiene motivos para sospechar que su mujer le engaña— sea posible, excepto para unas pocas mentes excepcionalmente disciplinadas, dejar de pensar en el problema en momentos en que no se puede hacer nada. Pero es perfectamente posible dejar de pensar en los problemas de los días normales, excepto cuando hay que hacerles frente. Es asombroso cuánto pueden aumentar la felicidad y la eficiencia cultivando una mente ordenada, que piense en las cosas adecuadamente en el momento adecuado, y no inadecuadamente a todas horas. Cuando hay que tomar una decisión difícil o preocupante, en cuanto se tengan todos los datos disponibles, hay que pensar en la cuestión de la mejor manera posible y tomar la decisión; una vez tomada la decisión, no hay que revisarla a menos que llegue a nuestro conocimiento algún nuevo dato. No hay nada tan agotador como laindecisión, ni nada tan estéril.

Muchas preocupaciones se pueden reducir si uno se da cuenta de la poca importancia que tiene el asunto que está causando la ansiedad. A lo largo de mi vida he hablado en públicoun considerable número de veces; al principio, el público me aterrorizaba y el nerviosismo me hacía hablar muy mal; me daba tanto miedo pasar por ello que siempre deseaba romperme una pierna antes de tener que pronunciar el discurso, y cuando terminaba estaba agotado por la tensión nerviosa. Poco a poco, fui aprendiendo a sentir que no importaba si hablaba bien o mal; en cualquiera de los dos casos, el universo seguiría prácticamente igual. Descubrí que cuanto menos me preocupara de si hablaba bien o mal, menos mal hablaba, y poco a poco la tensión nerviosa disminuyó hasta casi desaparecer. Gran parte de la fatiga nerviosa se puede combatir de este modo. Lo que hacemos no es tan importante como tendemos a suponer; nuestros éxitos y fracasos, a fin de cuentas, no importan gran cosa. Se puede sobrevivir incluso a lasgrandes penas; las aflicciones que parecía que iban a poner fin a la felicidad para toda la vida se desvanecen con el paso del tiempo hasta que resulta casi imposible recordar lo intensas que eran. Pero por encima de estas consideraciones egocéntricas está el hecho de que el ego de una persona es una parte insignificante del mundo. El hombre capaz de centrarsus pensamientos y esperanzas en algo que le trascienda puede encontrar cierta paz en los problemas normales de la vida, algo que le resulta imposible al egoísta puro.

Se ha estudiado demasiado poco lo que podríamos llamar higiene de los nervios. Es cierto que la psicología industrial ha realizado complicadas investigaciones sobre la fatiga, y se ha demostrado mediante concienzudas estadísticas que si uno sigue haciendo una cosa durante un tiempo suficientemente largo, acaba bastante cansado; un resultado que podría haberse adivinado sin tanto despliegue de ciencia. Los estudios psicológicos de la fatiga se ocupan principalmente de la fatiga muscular, aunque también se han hecho algunos estudios sobre la fatiga en los niños en edad escolar. Sin embargo, ninguno de estos estudios aborda el problema importante. En la vida moderna, la clase de fatiga que importa es siempre emocional; la fatiga puramente intelectual, como la fatiga puramente muscular, se remedia con el sueño. Una persona que haya tenido que hacer una gran cantidad de trabajo intelectual desprovisto de emoción —como por ejemplo una serie de cálculos complicados— se duerme al final de cada jornada y así se libra de la fatiga que el día le ocasionó. El daño que se atribuye al exceso de trabajo casi nunca se debe a esta causa, sino a algún tipo de preocupación o ansiedad. Lo malo de la fatiga emocional es que interfiere con el descanso. Cuanto más cansado está uno, más imposible le resulta parar. Uno de los síntomas de la inminencia de una crisis nerviosa es creerse que el trabajo de uno es terriblemente importante y que tomarse unas vacaciones acarrearía toda clase de desastres. Siyo fuera médico, recetaría vacaciones a todos los pacientes que consideraran muy importante su trabajo. La crisis nerviosa que parece provocada por el trabajo se debe en realidad, entodos los casos que he conocido personalmente, a algún problema emocional del que el paciente intenta escapar por medio del trabajo. Se resiste a dejar de trabajar porque, si lo hace, ya no tendrá nada que le distraiga de pensar en sus desgracias, sean las que sean. Por supuesto, el problema puede ser el miedo a la bancarrota, y en ese caso su trabajo está directamente relacionado con su preocupación, pero incluso en este supuesto es probable que la preocupación le empuje a trabajar tanto que su entendimiento se nuble y la bancarrota llega antes de lo que habría llegado si hubiera trabajado menos. En todos los casos, es el problema emocional, no el trabajo, lo que ocasiona la crisis nerviosa.

La psicología de la preocupación no es nada simple. Ya he hablado de la disciplina mental, es decir, el hábito de pensar en las cosas en el momento adecuado. Esto tiene su importancia: primero, porque hace posible aguantar la jornada de trabajo con menos desgaste mental; segundo, porque proporciona una cura para el insomnio; y tercero, porque aumenta la eficiencia y permite tomar mejores decisiones. Pero los métodos de este tipo no afectan al subconsciente o inconsciente, y cuando el problema es grave ningún método sirve de mucho amenos que penetre bajo el nivel de la conciencia. Los psicólogos han realizado numerosos estudios acerca de la influencia del subconsciente en la mente consciente, pero muchos menos sobre la influencia de la mente consciente en el subconsciente. Sin embargo, esto último tiene una enorme importancia en el terreno de la higiene mental, y hay que entenderlo si se quiere que las convicciones racionales actúen en el reino de lo inconsciente. Esto se aplica en particular a la cuestión de la preocupación. Es bastante fácil decirse a uno mismo que si ocurriera tal o cual desgracia no sería tan terrible, pero mientras ésta sea solo una convicción consciente no funcionará en las noches de insomnio ni impedirá las pesadillas. Personalmente, creo que se puede implantar en el subconsciente una idea consciente si se hace con suficiente fuerza e intensidad. La mayor parte del subconsciente está formado por pensamientos con mucha carga emocional que alguna vez fueron conscientes y han quedado enterrados. Este proceso de enterramiento se puede hacer deliberadamente, y de este modo se puede conseguir que el subconsciente haga muchas cosas útiles. Yo he descubierto, por ejemplo, que si tengo que escribir sobre algún tema difícil, el mejor plan consiste en pensar en ello con mucha intensidad —con la mayor intensidad de la que soy capaz— durante unas cuantas horas o días, y al cabo de ese tiempo dar la orden —por decirlo de algún modo— de que el trabajo continúe en el subterráneo. Despuésde algunos meses, vuelvo conscientemente al tema y descubro que el trabajo está hecho. Antes de descubrir esta técnica, solía pasar los meses intermedios preocupándome porque no obtenía progresos. Esta preocupación no me hacía llegar antesa la solución y los meses intermedios eran meses perdidos, mientras que ahora puedo dedicarlos a otras actividades. Con las ansiedades se puede adoptar un proceso análogo en muchos aspectos. Cuando nos amenaza alguna desgracia, consideremos seria y deliberadamente qué es lo peor que podría ocurrir. Después de afrontar esta posible desgracia, busquemos razones sólidas para pensar que, al fin y al cabo, eldesastre no sería tan terrible. Dichas razones existen siempre, porque, en el peor de los casos, nada de lo que le ocurra a unotiene la menor importancia cósmica. Cuando uno ha considerado serenamente durante algún tiempo la peor posibilidad y se ha dicho a sí mismo con auténtica convicción «Bueno, después de todo, la cosa no tendría demasiada importancia», descubre que la preocupación disminuye en grado extraordinario. Puede que sea necesario repetir el proceso unas cuantasveces, pero al final, si no hemos eludido afrontar el peor resultado posible, descubriremos que la preocupación desaparece por completo y es sustituida por una especie de regocijo.

Esto forma parte de una técnica más general para evitar el miedo. La preocupación es una modalidad de miedo, y todas las modalidades de miedo provocan fatiga. Al hombre que ha aprendido a no sentir miedo le disminuye enormemente la fatiga de la vida cotidiana. Ahora bien, el miedo, en su forma más dañina, surge cuando existe cierto peligro que no queremos afrontar. Hay momentos en que nuestras mentes son invadidas por pensamientos horribles; la clase varía con las personas, pero casi todo el mundo tiene algún tipo de miedo oculto. Para uno puede ser el cáncer, para otro la ruina económica, para un tercero el descubrimiento de un secreto vergonzoso, a un cuarto le atormentan los celos, un quinto pasa las noches en vela pensando que tal vez sean ciertas las historias que le contaban de niño sobre el fuego del infierno. Probablemente, todas estas personas utilizan una técnica errónea para combatir su miedo; cada vez que éste se apodera de su mente, procuran pensar en otra cosa; se distraen con diversiones, con el trabajo o con lo que sea. Pero todas las variedades de miedo empeoran si no se les hace frente. El esfuerzo invertido en desviar los pensamientos da la medida de lo horrible que es el espectro que nos negamos a mirar. El mejor procedimiento con cualquier tipo de miedo consiste en pensar en elasunto racionalmente y con calma, pero con gran concentración, hasta familiarizarse por completo con él. Al final, la familiaridad embota los terrores, todo el asunto nos parece anodino y nuestros pensamientos se alejan de él, no como antes, por un esfuerzo de la voluntad, sino por pura falta de interés en el asunto. Cuando se sienta usted inclinado a preocuparse por algo, sea lo que fuere, lo mejor es siempre pensar en ello aún más de lo que haría normalmente, hasta que porfin pierda su morbosa fascinación.

Una de las cuestiones en las que más falla la moral moderna es esta del miedo. Es cierto que se espera que los hombres tengan valentía física, sobre todo en la guerra, pero no se espera de ellos ninguna otra forma de valor, y de las mujeres nose espera que muestren valor de ningún tipo. Una mujer que sea valerosa tiene que ocultar que lo es si quiere gustar a los hombres. También se tiene mala opinión del hombre valerosoen cualquier aspecto que no sea ante el peligro físico. La indiferencia ante la opinión pública, por ejemplo, se considera un desafío, y el público hará todo lo que pueda por castigar al hombre que se atreve a burlarse de su autoridad. Todo esto es lo contrario de lo que debería ser. Toda forma de valor, tanto en hombres como en mujeres, debería ser tan admirada como lo es la valentía física en un soldado. El hecho de que el valorfísico sea tan corriente entre los varones jóvenes demuestra que el valor se puede desarrollar en respuesta a la opinión pública que lo exige. Si hubiera más valor, habría menos preocupaciones y, por tanto, menos fatiga; y es que una gran proporción de las fatigas nerviosas que sufren en la actualidadhombres y mujeres se debe a los miedos, conscientes o inconscientes.

Una causa muy frecuente de fatiga es el afán de excitación. Si un hombre pudiera pasarse su tiempo libre durmiendo, se mantendría en buena forma; pero las horas de trabajo son espantosas y siente necesidad de placer durante sus horas de libertad. El problema es que los placeres más fáciles de obtener y más superficialmente atractivos son casi todos de los que agotan los nervios. El deseo de excitación, cuando pasade cierto punto, indica un carácter retorcido o alguna insatisfacción instintiva. En los primeros días de un matrimonio feliz, casi ningún hombre siente necesidad de excitación, pero en el mundo moderno muchos matrimonios tienen que aplazarse tanto tiempo que, cuando por fin resultan económicamente posibles, la excitación se ha convertido en un hábito que solo se puede dominar durante un corto tiempo. Si la opinión pública permitiera a los hombres casarse a los veintiún años sin asumir las cargas económicas que actualmente conlleva el matrimonio, muchos hombres nunca irían en busca deplaceres agotadores, tan fatigosos como su trabajo. Sin embargo, sugerir esta posibilidad se considera inmoral, como se ha visto en el caso del juez Lindsey, que ha quedado deshonrado, a pesar de su larga y honorable carrera, por el único crimen de querer salvar a los jóvenes de las desgracias que les caen encima como consecuencia de la intolerancia de sus mayores. Pero de momento no voy a seguir hablando de esta cuestión, que corresponde al apartado de la envidia, del que nos ocuparemos en el siguiente capítulo.

Al individuo particular, que no puede alterar las leyes y las instituciones que regulan su vida, le resulta difícil estar a la altura de la situación creada y perpetuada por moralistas opresores. Sin embargo, vale la pena darse cuenta de que los placeres excitantes no conducen a la felicidad, aunque, mientras sigan siendo inalcanzables otras alegrías más satisfactorias, a algunos la vida puede resultarles imposible de soportar si no es con la ayuda de la excitación. En semejante situación, lo único que puede hacer un hombre prudente es dosificarse, y no permitirse una cantidad de placeres fatigosos que perjudique su salud o interfiera con su trabajo. La cura radical para los problemas de los jóvenes consiste en un cambio de la moral pública. Mientras tanto, lo mejor que puede hacer un joven es pensar que acabará llegando el momento en que pueda casarse, y que sería una tontería vivir de un modo que haga imposible un matrimonio feliz, como es fácil que suceda con los nervios alterados y una incapacidad adquirida para los placeres más suaves.

Uno de los peores aspectos de la fatiga nerviosa es que actúa como una especie de cortina que separa al hombre del mundo exterior. Las impresiones le llegan como amortiguadas y apagadas; ya no se fija en la gente más que para irritarse por sus pequeños vicios y manías; no saca ningún placer de la comida ni del sol, sino que tiende a concentrarse tensamente en unas pocas cosas, indiferente a todo lo demás. Esta situación le impide descansar, y la fatiga va aumentando constantemente hasta llegar a un punto en que se hace necesario el tratamiento médico. En el fondo, todo esto es un castigo por haber perdido ese contacto con la tierra de que hablábamos en el capítulo anterior. Pero no es fácil encontrar la manera de mantener ese contacto en las grandes aglomeraciones de nuestras ciudades modernas. No obstante, otra vez hemos llegado al borde de importantes cuestiones sociales que no es mi intención tratar en este libro.

6

ENVIDIA

Después de la preocupación, una de las causas más poderosas de infelicidad es, probablemente, la envidia. Yo diría que la envidia es una de las pasiones humanas más universales y arraigadas. Es muy aparente en los niños antes de que cumplan un año, y todo educador debe tratarla con muchísimo respeto y cuidado. La más ligera apariencia de que se favorece a un niño a expensas de otro es notada al instante y causa resentimiento. Todo el que tratacon niños debe observar una justicia distributiva absoluta,rígida e invariable. Pero los niños son solo un poco más claros que las personas mayores en sus manifestaciones de envidia y de celos (que es una forma especial de la envidia). La emoción tiene tanta fuerza en los adultos como en los niños. Fijémonos, por ejemplo, en las sirvientas; recuerdo que una de las sirvientas de nuestra casa, que estaba casada, quedó embarazada y le dijimos que no debía llevar cargas pesadas; el resultado instantáneo fue que ninguna de las otras quiso ya levantar pesos, y todo el trabajo de este tipo tuvimos que hacerlo nosotros mismos. La envidia es la base de la democracia. Heráclito afirma que habría que ahorcar a todos los habitantes de Éfeso por haber dicho «ninguno de nosotros estará antes que los demás». El movimiento democrático en los estados griegos debió de inspirarse casi por completo en esta pasión. Y lo mismo se puede decir de la democracia moderna.Es cierto que hay una teoría idealista, según la cual la democracia es la mejor forma de gobierno. Yo mismo creo que estateoría es cierta. Pero no existe ningún aspecto de la política práctica en el que las teorías idealistas tengan fuerza suficiente para provocar grandes cambios; cuando se producen grandes cambios, las teorías que los justifican son siempre un camuflaje de la pasión. Y la pasión que ha dado impulso a las teorías democráticas es, sin duda, la pasión de la envidia. Lean ustedes las memorias de *madame* Roland, a quien se representa con frecuencia como una noble mujer inspirada por el amor al pueblo. Descubrirán que lo que la convirtió en una demócrata tan vehemente fue que la hicieran entrar por lapuerta de servicio cada vez que visitaba una mansión aristocrática.

Entre las mujeres respetables normales, la envidia desempeña un papel extraordinariamente importante. Si va usted sentado en el metro y entra en el vagón una mujer elegantemente vestida, fíjese cómo la miran las demás mujeres. Verá que todas ellas, con la posible excepción de las que van mejor vestidas, le dirigen miradas malévolas y se esfuerzan por sacar conclusiones denigrantes. La afición al escándalo es una manifestación de esta malevolencia general: cualquier chismeacerca de cualquier otra mujer es creído al instante, aun con las pruebas más nimias. La moralidad elevada cumple el mismo propósito: los que tienen ocasión de pecar contra ella son envidiados, y se considera virtuoso castigarlos por sus pecados. Esta modalidad particular de virtud resulta, desde luego, gratificante por sí misma.

Sin embargo, en los hombres se observa exactamente lo mismo, con la única diferencia de que las mujeres consideran a todas las demás mujeres como competidoras, mientras que los hombres, por regla general, solo experimentan este sentimiento hacia los hombres de su misma profesión. ¿Alguna vez el lector ha cometido la imprudencia de alabar a un artistadelante de otro artista? ¿Ha elogiado a un político ante otro político del mismo partido? ¿Ha hablado bien de un egiptólogo delante de otro egiptólogo? Si lo ha hecho, apuesto cien contra uno a que provocó una explosión de celos. En la correspondencia entre Leibniz y Huyghens hay numerosas catas en que se lamenta el supuesto hecho de que Newton se había vuelto loco. «¿No es triste», se decían uno a otro, «que el genio incomparable del señor Newton haya quedado nublado por la pérdida de la razón?». Y aquellos dos hombres eminentes, en una carta tras otra, lloraban lágrimas de cocodrilo con evidente regodeo. Lo cierto es que la desgracia que tan hipócritamente lamentaban no había ocurrido, aunque unas cuantas muestras de comportamiento excéntrico habían dado origen al rumor.

Entre todas las características de la condición humana normal, la envidia es la más lamentable; la persona envidiosa no solo desea hacer daño, y lo hace siempre que puede con impunidad; además, la envidia la hace desgraciada. En lugar de obtener placer de lo que tiene, sufre por lo que tienen los demás. Si puede, privará a los demás de sus ventajas, lo que para él es tan deseable como conseguir esas mismas ventajas para sí mismo. Si se deja rienda suelta a esta pasión, se vuelve fatal para todo lo que sea excelente, e incluso para las aplicaciones más útiles de las aptitudes excepcionales. ¿Por qué un médico ha de ir en coche a visitar a sus pacientes, cuando un obrero tiene que ir andando a trabajar? ¿Por qué se ha de permitir que un investigador científico trabaje en un cuarto con calefacción, cuando otros tienen que padecer la inclemencia de los elementos? ¿Por qué un hombre que posee algún raro talento, de gran importancia para el mundo, ha de librarse de las tareas domésticas más fastidiosas? La envidia no encuentra respuesta a estas preguntas. Sin embargo, y por fortuna, existe en la condición humana una pasión que compensa esto: la admiración. Quien desee aumentar la felicidad humana debe procurar aumentar la admiración y reducir la envidia.

¿Existe algún remedio para la envidia? Para el santo, el remedio es la abnegación, aunque entre los mismos santos no es imposible tener envidia de otros santos. Dudo mucho de que a san Simeón el Estilita le hubiera alegrado de verdad saber que había otro santo que había aguantado aún más tiempo sobre una columna aún más delgada. Pero, dejando aparte a los santos, la única cura contra la envidia en el caso de hombres y mujeres normales es la felicidad, y el problema es que la envidia constituye un terrible obstáculo para la felicidad. Yo creo que la envidia se ve enormemente acentuada por los contratiempos sufridos en la infancia. El niño que advierte que prefieren a su hermano o a su hermana adquiere el hábito de la envidia, y cuando sale al mundo va buscando injusticias de las que proclamarse víctima; si ocurren, las percibe al instante, y si no ocurren, se las imagina. Inevitablemente, un hombre así es desdichado, y se convierte en una molestia para sus amigos, que no pueden estar siempre atentos para evitar desaires imaginarios. Habiendo empezado por creer que nadiele quiere, su conducta acaba por hacer realidad su creencia. Otro contratiempo de la infancia que produce el mismo resultado es tener padres sin mucho espíritu paternal. Aunque no haya hermanos injustamente favorecidos, el niño puede percibir que los niños de otras familias son más queridos por sus padres que él por los suyos. Esto le hará odiar a los otros niños y a sus propios padres, y cuando crezca se sentirá como Ismael. Hay ciertos tipos de felicidad a los que todos tienen derecho por nacimiento, y los que se ven privados de elloscasi siempre se vuelven retorcidos y amargados.

Pero el envidioso puede decir: «¿De qué sirve decirme que el remedio de la envidia es la felicidad? Yo no puedo ser feliz mientras siga sintiendo envidia, y viene usted a decirme que no puedo dejar de ser envidioso hasta que sea feliz». Pero la vida real nunca es tan lógica. Solo con darse cuenta de las causas de los sentimientos envidiosos ya se ha dado un paso gigantesco hacia su curación. El hábito de pensar por medio de comparaciones es fatal. Cuando nos ocurre algo agradable, hay que disfrutarlo plenamente, sin pararse a pensar que no estan agradable como alguna otra cosa que le puede ocurrir a algún otro. «Sí», dirá el envidioso, «hace un día espléndido y es primavera y los pájaros cantan y las flores se abren, pero tengo entendido que la primavera en Sicilia es mil veces más bella, que los pájaros cantan mucho mejor en las arboledasdel Helicón y que las rosas de Sharon son mucho más bonitas que las de mi jardín». Y solo por pensar esto, el sol se le nubla y el canto de los pájaros se convierte en un chirrido estúpido y las flores no vale la pena ni mirarlas. Del mismo modo trata todas las demás alegrías de la vida. «Sí», se dirá, «la mujer de mi corazón es encantadora, y yo la quiero y ella me quiere, pero ¡cuánto más exquisita debió de ser la reina de Saba! ¡Ah, si yo hubiera tenido las oportunidades que tuvo Salomón!». Todas estas comparaciones son absurdas y tontas; lo mismo da que la causa de nuestro descontento sea la reina de Saba o que lo sea el vecino de al lado. Para el sabio, lo que se tiene no deja de ser agradable porque otros tengan otras cosas. En realidad, la envidia es un tipo de vicio en parte moral y en parte intelectual, que consiste en no ver nunca las cosas tal como son, sino en relación con otras. Supongamos que yo gano un salario suficiente para mis necesidades. Debería estar satisfecho, pero me entero de que algún otro, que no es mejor que yo en ningún aspecto, gana el doble. Al instante, si soy de condición envidiosa, la satisfacción que debería producirme lo que tengo se esfuma, y empiezo a ser devorado por una sensación de injusticia. La cura adecuada para todo esto es la disciplina mental, el hábito de no pensar pensamientos inútiles. Al fin y al cabo, ¿qué es más envidiable que la felicidad? Y si puedo curarme de la envidia, puedo lograr la felicidad y convertirme en envidiable. Seguro que al hombre que gana el doble que yo le tortura pensar que algún otro gana el doble que él, y así sucesivamente. Si lo que deseas es la gloria, puedes envidiar a Napoleón. Pero Napoleón envidiaba a César, César envidiaba a Alejandro y Alejandro, me atrevería a decir, envidiaba a Hércules, que nunca existió. Por tanto, no es posible librarse de la envidia solo por medio del éxito, porque siempre habrá en la historia o en la leyenda alguien con más éxito aún que tú. Podemos librarnos de la envidia disfrutando de los placeres que salen a nuestro paso, haciendo el trabajo que uno tiene que hacer y evitando las comparaciones con los que suponemos, quizá muy equivocadamente, que tienen mejor suerte que uno.

La modestia innecesaria tiene mucho que ver con la envidia. La modestia se considera una virtud, pero personalmente dudo mucho de que, en sus formas más extremas, se deba considerar tal cosa. La gente modesta necesita tener mucha seguridad, y a menudo no se atreve a intentar tareas que es perfectamente capaz de realizar. La gente modesta se cree eclipsada por las personas con que trata habitualmente. En consecuencia, es especialmente propensa a la envidia y, por la vía de la envidia, a la infelicidad y la mala voluntad. Por mi parte, creoque no tiene nada de malo educar a un niño de manera que se crea un tipo estupendo. No creo que ningún pavo real envidie la cola de otro pavo real, porque todo pavo real está convencido de que su cola es la mejor del mundo. La consecuenciaes que los pavos reales son aves apacibles. Imagínense lo desdichada que sería la vida de un pavo real si se le hubiera enseñado que está mal tener buena opinión de sí mismo. Cadavez que viera a otro pavo real desplegar su cola, se diría: «No debo ni pensar que mi cola es mejor que ésa, porque eso sería de presumidos, pero ¡cómo me gustaría que lo fuera! ¡Ese odioso pavo está convencido de que es magnífico! ¿Le arranco unas cuantas plumas? Así ya no tendría que preocuparme de que me compararan con él». Hasta puede que le tendiera una trampa para demostrar que era un mal pavo real, de conducta indigna de un pavo real, y denunciarlo a las autoridades. Poco a poco, establecería el principio de que los pavos reales con colas especialmente bellas son casi siempre malos, y que los buenos gobernantes del reino de los pavos reales deberían favorecer a las aves humildes, con solo unas cuantas plumas fláccidas en la cola. Una vez establecido este principio, haría condenar a muerte a los pavos más bellos, y al finallas colas espléndidas serían solo un borroso recuerdo del pasado. Así es la victoria de la envidia disfrazada de moralidad. Pero cuando todo pavo real se cree más espléndido que los demás, toda esa represión es innecesaria. Cada pavo real espera ganar el primer premio en el concurso, y cada uno, viendo la pava que le ha tocado en suerte, está convencido de haberlo ganado.

La envidia, por supuesto, está muy relacionada con la competencia. No envidiamos la buena suerte que consideramos totalmente fuera de nuestro alcance. En las épocas en que la jerarquía social es fija, las clases bajas no envidian a las clases altas, ya que se cree que la división en pobres y ricos ha sido ordenada por Dios. Los mendigos no envidian a los millonarios, aunque desde luego envidiarán a otros mendigos con más suerte que ellos. La inestabilidad de la posición social en el mundo moderno y la doctrina igualitaria de la democracia y el socialismo han ampliado enormemente la esfera de la envidia. Por el momento, esto es malo, pero se tratade un mal que es preciso soportar para llegar a un sistema social más justo. En cuanto se piensa racionalmente en las desigualdades, se comprueba que son injustas a menos que se basen en algún mérito superior. Y en cuanto se ve que son injustas, la envidia resultante no tiene otro remedio que la eliminación de la injusticia. Por eso en nuestra época la envidia desempeña un papel tan importante. Los pobres envidian a los ricos, las naciones pobres envidian a las ricas, las mujeres envidian a los hombres, las mujeres virtuosas envidian a las que, sin serlo, quedan sin castigo. Aunque es cierto que la envidia es la principal fuerza motriz que conduce a la justicia entre las diferentes clases, naciones y sexos, también es cierto que la clase de justicia que se puede esperar como consecuencia de la envidia será, probablemente, del peor tipo posible, consistente más bien en reducir los placeres de los afortunados y no en aumentar los de los desfavorecidos. Las pasiones que hacen estragos en la vida privada también hacen estragos en la vida pública. No hay que suponer que algo tan malo como la envidia pueda producir buenos resultados. Así pues, los que por razones idealistas desean cambios profundos en nuestro sistema social y un gran aumento de la justicia social, deben confiar en que sean otras fuerzas distintas de la envidia las que provoquen los cambios.

Todas las cosas malas están relacionadas entre sí, y cualquiera de ellas puede ser la causa de cualquiera de las otras; la fatiga, en concreto, es una causa muy frecuente de envidia. Cuando un hombre se siente incapacitado para el trabajo que tiene que hacer, siente un descontento general que tiene muchísimas probabilidades de adoptar la forma de envidia hacia los que tienen un trabajo menos exigente. Así pues, una de lasmaneras de reducir la envidia consiste en reducir la fatiga. Pero lo más importante, con gran diferencia, es procurarseuna vida que sea satisfactoria para los instintos. Muchas envidias que parecen puramente profesionales tienen, en realidad, un motivo sexual. Un hombre que sea feliz en su matrimonio y con sus hijos no es probable que sienta mucha envidia de otros por su riqueza o por sus éxitos, siempre que él tenga lo suficiente para criar a sus hijos del modo que considera adecuado. Los elementos esenciales de la felicidad humana son simples, tan simples que las personas sofisticadasno son capaces de admitir qué es lo que realmente les falta. Las mujeres de las que hablábamos antes, que miran con envidia a toda mujer bien vestida, no son felices en su vida instintiva, de eso podemos estar seguros. La felicidad instintiva es rara en el mundo anglófono, y sobre todo entre las mujeres. En este aspecto, la civilización parece haber equivocado el camino. Si se quiere que haya menos envidia, habrá que encontrar la manera de remediar esta situación; y si no se encuentra esa manera, nuestra civilización corre el peligro de acabar destruida en una orgía de odio. En la Antigüedad, la gente solo envidiaba a sus vecinos, porque sabía muy poco del resto del mundo. Ahora, gracias a la educación y a la prensa, todos saben mucho, aunque de un modo abstracto, sobre grandes sectores de la humanidad de los que no conocen ni a un solo individuo. Gracias al cine, creen que saben cómo viven los ricos; gracias a los periódicos, saben muchode la maldad de las naciones extranjeras; gracias a la propaganda, se enteran de los hábitos nefastos de los que tienen la piel con una pigmentación distinta de la suya. Los amarillos odian a los blancos, los blancos odian a los negros, y así sucesivamente. Habrá quien diga que todo este odio está incitado por la propaganda, pero ésta es una explicación bastante superficial. ¿Por qué la propaganda es mucho más efectiva cuando incita al odio que cuando intenta promover sentimientos amistosos? La razón, evidentemente, es que el corazón humano, tal como lo ha moldeado la civilización moderna, es más propenso al odio que a la amistad. Y es propenso al odio porque está insatisfecho, porque siente en el fondo de su ser, tal vez incluso subconscientemente, que de algún modo se le ha escapado el sentido de la vida, que seguramente otros que no somos nosotros han acaparado las cosas buenas que la naturaleza ofrece para disfrute de los hombres. La suma positivade placeres en la vida de un hombre moderno es, sin duda, mayor que en las comunidades más primitivas, pero la conciencia de lo que podría ser ha aumentado mucho más. La próxima vez que lleve a sus hijos al parque zoológico, fíjese en los ojos de los monos: cuando no están haciendo ejerciciosgimnásticos o partiendo nueces, muestran una extraña tristezacansada. Casi se podría pensar que querrían convertirse en hombres, pero no pueden descubrir el procedimiento secreto para lograrlo. En el curso de la evolución se equivocaron de camino; sus primos siguieron avanzando y ellos se quedaron atrás. En el alma del hombre civilizado parece haber penetrado parte de esa misma tensión y angustia. Sabe que existe algo mejor que él y que está casi a su alcance; pero no sabe dónde buscarlo ni cómo encontrarlo. Desesperado, se lanza furioso contra el prójimo, que está igual de perdido y es igual de desdichado. Hemos alcanzado una fase de la evoluciónque no es la fase final. Hay que atravesarla rápidamente, porque, si no, casi todos pereceremos por el camino y los demás quedarán perdidos en un bosque de dudas y miedos. Así pues,la envidia, por mala que sea y por terribles que sean sus efectos, no es algo totalmente diabólico. En parte, es la manifestación de un dolor heroico, el dolor de los que caminan a ciegas por la noche, puede que hacia un refugio mejor, puede que hacia la muerte y la destrucción. Para encontrar el camino que le permita salir de esta desesperación, el hombre civilizado debe desarrollar su corazón, tal como ha desarrollado su cerebro. Debe aprender a trascender de sí mismo, y de este modo adquirirá la libertad del universo.

7

EL SENTIMIENTO DE PECADO

Ya hemos tenido ocasión de decir algo sobre el sentimiento de pecado en el Capítulo 1, pero ahora tenemos que penetrar más a fondo en el tema, porque es una de las más importantes causas psicológicas de la infelicidad en la vida adulta.

Existe una psicología religiosa tradicional del pecado que ningún psicólogo moderno puede aceptar. Se suponía, especialmente entre los protestantes, que la conciencia revela a cada hombre si un acto al que se siente tentado es pecaminoso, y que después de cometer dicho acto puede experimentar una de estas dos dolorosas sensaciones: la llamada remordimiento, que no tiene ningún mérito, o la llamada arrepentimiento, que es capaz de borrar su culpa. En los países protestantes, incluso muchas personas que habían perdido la fe seguían aceptando durante algún tiempo, con mayores o menores modificaciones, el concepto ortodoxo de pecado. En nuestros tiempos, debido en parte al psicoanálisis, la situación esla contraria: la vieja doctrina del pecado no solo es rechazada por los heterodoxos, sino también por muchos que se consideran ortodoxos. La conciencia ha dejado de ser algo misterioso que, solo por ser misterioso, podía considerarse como lavoz de Dios. Sabemos que la conciencia ordena actuar de diferentes maneras en diferentes partes del mundo, y que, en términos generales, en todas partes coincide con las costumbres tribales. Así pues, ¿qué sucede realmente cuando a un hombre le remuerde la conciencia?

La palabra «conciencia» abarca, en realidad, varios sentimientos diferentes; el más simple de todos es el miedo a ser descubierto. Estoy seguro de que usted, lector, ha llevado una vida completamente intachable, pero si le pregunta a alguien que alguna vez haya hecho algo por lo que sería castigado si le descubrieran, comprobará que, cuando el descubrimiento es inminente, la persona en cuestión se arrepiente de su delito. No digo que esto se aplique al ladrón profesional, que cuenta con ir alguna vez a la cárcel y lo considera un riesgo laboral, pero sí que se aplica a lo que podríamos llamar el delincuente respetable, como el director de banco que comete un desfalco en un momento de apuro, o el sacerdote que se ha dejado arrastrar por la pasión a alguna irregularidad carnal. Estos hombres pueden olvidarse de su delito mientras parece que hay poco riesgo de que los descubran, pero cuando son descubiertos o corren grave peligro de serlo, desean haber sido más virtuosos, y este deseo puede darles una viva sensación de la enormidad de su pecado. Estrechamente relacionado con este sentimiento está el miedo a ser excluido del rebaño. Un hombre que hace trampas jugando a las cartas o que no paga sus deudas de honor no tiene ningún argumento para hacer frente a la desaprobación del colectivo cuando es descubierto. En esto se diferencia del innovador religioso, el anarquista y el revolucionario, todos los cuales están convencidos de que, sea cual fuere su suerte actual, el futuro está con ellos y les honrará tanto como se les denigra en el presente. Estos hombres, a pesar de la hostilidad del rebaño, no se sienten pecadores, pero el hombre que acepta por completo la moral del colectivo y aun así actúa contra ella, sufre muchísimo cuando es excluido, y el miedo a este desastre, o el dolor que ocasiona cuando sucede, puede fácilmente hacer que considere sus actos como pecaminosos.

Pero el sentimiento de pecado, en sus formas más importantes, es algo aún más profundo. Es algo que tiene sus raíces en el subconsciente y no aparece en la mente consciente por miedo a la desaprobación de los demás. En la mente consciente hay ciertos actos que llevan la etiqueta de «pecado» sin ninguna razón que pueda descubrirse por introspección. Cuando un hombre comete esos actos, se siente molesto sin saber muy bien por qué. Desearía ser la clase de persona capaz de abstenerse de lo que considera pecado. Solo siente admiración moral por los que cree que son puros de corazón. Reconoce, con mayor o menor grado de pesar, que no tiene madera de santo; de hecho, su concepto de la santidad es, probablemente, imposible de mantener en la vida cotidiana normal. En consecuencia, se pasa toda la vida con una sensación de culpa, convencido de que las cosas buenas no se han hecho para él y de que sus mejores momentos son los de llorosa penitencia.

En casi todos los casos, el origen de todo esto es la educación moral que uno recibió antes de cumplir seis años, impartida por su madre o su niñera. Antes de esa edad ya aprendió que está mal decir palabrotas y que lo correcto es usar siempre un lenguaje muy delicado, que solo los hombres malos beben y que el tabaco es incompatible con las virtudes más elevadas. Aprendió que jamás se deben decir mentiras. Y, sobre todo, aprendió que todo interés por los órganos sexuales es una abominación. Sabía que esto era lo que opinaba su madre, y lo creyó como si fuera la palabra de Dios. El mayor placer de su vida era ser tratado con cariño por su madre o, si ésta no le hacía caso, por su niñera, y este placer solo podía obtenerlo cuando no había constancia de que hubiera pecado contra el código moral. Y así llegó a asociar algo vagamente horrible a toda conducta que su madre o su niñera desaprobaran. Poco a poco, al hacerse mayor, olvidó de dónde procedía su código moral y cuál había sido en un principio el castigo por desobedecerlo, pero no prescindió del código moral ni dejó de sentir que algo espantoso le ocurriría si lo infringía.

Ahora bien, una parte muy grande de esta educación moral de los niños carece de toda base racional, y no se debería aplicar a la conducta normal de los hombres normales. Desde el punto de vista racional, por ejemplo, un hombre que dice «palabrotas» no es peor que el que no las dice. No obstante, cuando se trata de imaginar a un santo, prácticamente todo el mundo considera imprescindible que se abstenga de decir tacos. Considerado a la luz de la razón, eso es una auténtica tontería. Lo mismo se puede decir del alcohol y el tabaco. En lo referente al alcohol, esa actitud no existe en los países del sur, e incluso se considera algo impía, ya que se sabe que Nuestro Señor y los apóstoles bebían vino. Respecto al tabaco, es más fácil mantener una postura negativa, ya que todos los grandes santos vivieron antes de que el tabaco fuera conocido. Pero tampoco es posible aplicar ningún argumento racional. Quien opina que ningún santo debería fumar se basa, en último término, en la opinión de que ningún santo haría algo solo porque le produce placer. Este elemento ascético de la moral corriente es ya casi subconsciente, pero actúa en todos los aspectos que hacen irracional nuestro código moral. Una ética racional consideraría loable proporcionar placer a todos, incluso a uno mismo, siempre que no exista la contrapartida de algún daño para uno mismo o para los demás. Si prescindiéramos del ascetismo, el hombre virtuoso ideal sería el que permitiera el disfrute de todas las cosas buenas, siempre que no tengan malas consecuencias que pesen más que el goce. Volvamos a considerar la cuestión de la mentira. No niego que hay demasiada mentira en el mundo, ni que todos estaríamos mejor si aumentara la sinceridad, pero sí niego que, como creo que haría toda persona razonable, mentir no esté justificado en ninguna circunstancia. Una vez, paseando por el campo, vi un zorro cansado, al borde del agotamiento total, pero que aún se esforzaba por seguir corriendo. Pocos minutos después vi a los cazadores. Me preguntaron si había visto al zorro y yo dije que sí. Me preguntaron por dónde había ido y yo les mentí. No creo que hubiera sido mejor persona si les hubiera dicho la verdad.

Pero donde más daño hace la educación moral de la primera infancia es en el terreno del sexo. Si un niño ha recibido una educación convencional por parte de padres o cuidadores algo severos, la asociación entre el pecado y los órganos sexuales está ya tan arraigada para cuando cumple seis años que es muy poco probable que se pueda librar por completo de ella en todo lo que le queda de vida. Por supuesto, este sentimiento está reforzado por el complejo de Edipo, ya que la mujer más amada durante la infancia es una mujer con la que es imposible tomarse ningún tipo de libertades sexuales. El resultado es que muchos hombres adultos consideran que el sexo degrada a las mujeres, y no pueden respetar a sus esposas a menos que estas detesten el contacto sexual. Pero el hombre que tiene una mujer fría se verá empujado por el instinto a buscar satisfacción instintiva en otra parte. Sin embargo, esta satisfacción instintiva, si la encuentra momentáneamente, estará envenenada por el sentimiento de culpa, lo que le impedirá ser feliz en todas sus relaciones con mujeres, tanto dentro como fuera del matrimonio. A la mujer le ocurre algo muy parecido si se le ha enseñado insistentemente a ser lo que se llama «pura». Instintivamente, se echa atrás en sus relaciones sexuales con el marido y tiene miedo de obtener placer de ellas. No obstante, en las mujeres actuales esto se da mucho menos que hace cincuenta años. Yo diría que ahora mismo, entre las personas educadas, la vida sexual de los hombres es más retorcida y está más envenenada por el sentimiento de pecado que la de las mujeres.

La gente está empezando a tomar conciencia —aunque, por supuesto, esto no incluye a las autoridades públicas— de lo nociva que es la educación sexual tradicional de los niños. La regla correcta es muy sencilla: hasta que el niño se aproxime a la edad de la pubertad, no hay que enseñarle ninguna clase de moral sexual, y sobre todo hay que evitar inculcarle la idea de que las funciones naturales del cuerpo tienen algo de repugnante. Cuando se acerca el momento en que se hace necesario darle educación moral, hay que asegurarse de que ésta sea racional y de que todo lo que decimos pueda apoyarse en bases sólidas. Pero en este libro no pretendo hablar de educación. De lo que quiero hablar en este libro es de lo que puede hacer el adulto para reducir al mínimo los perniciosos efectos de una educación inadecuada, que le ha provocado un sentimiento irracional de pecado.

El problema es el mismo que hemos abordado en capítulos anteriores: hay que obligar al subconsciente a tomar nota de las creencias racionales que gobiernan nuestro pensamiento consciente. Los hombres no deben dejarse arrastrar por sus estados de ánimo, creyendo una cosa ahora y otra después. El sentimiento de pecado se agudiza de manera especial en momentos en que la voluntad consciente está debilitada por la fatiga, la enfermedad, la bebida o alguna otra causa. Lo que uno siente en esos momentos (a menos que sea efecto de la bebida) lo considera una revelación de sus facultades superiores. «Si el demonio estuviera enfermo, sería un santo». Pero es absurdo suponer que en los momentos de debilidad se tiene más inteligencia que en los momentos de vigor. En los momentos de debilidad, es difícil resistirse a las sugestiones infantiles, pero no hay razón alguna para considerar que dichas sugestiones son preferibles a las creencias del hombre adulto en plena posesión de sus facultades. Por el contrario, lo queun hombre cree deliberadamente con toda su razón cuando tiene fuerzas debería ser la norma de lo que le conviene creer en todo momento. Empleando la técnica adecuada es perfectamente posible vencer las sugestiones infantiles del subconsciente, e incluso alterar el contenido del subconsciente. Cuando empiece usted a sentir remordimientos por un acto que su razón le dice que no es malo, examine las causas de su sensación de remordimiento y convénzase con todo detalle de que es absurdo. Permita que sus creencias conscientes se hagan tan vivas e insistentes que dejen una marca en su subconsciente lo bastante fuerte como para contrarrestar las marcas que dejaron su madre o su niñera cuando usted era niño. No se conforme con una alternancia entre momentos de racionalidad y momentos de irracionalidad. Mire fijamente lo irracional, decidido a no respetarlo, y no permita que le domine. Cada vez que haga pasar a la mente consciente pensamientos o sentimientos absurdos, arránquelos de raíz, examínelos y rechácelos. No se resigne a ser una criatura vacilante, que oscila entre la razón y las tonterías infantiles. No tenga miedo de ser irreverente con el recuerdo de los que controlaron su infancia. Entonces le parecieron fuertes y sabios porque usted era débil e ignorante; ahora que ya no es ningunade las dos cosas, le corresponde examinar su aparente fuerza y sabiduría, considerar si merecen esa reverencia que, por la fuerza de la costumbre, todavía les concede. Pregúntese seriamente si el mundo ha mejorado gracias a la enseñanza moral que tradicionalmente se da a la juventud. Considere la cantidad de pura superstición que contribuye a la formación del hombre convencionalmente virtuoso y piense que, mientras se nos trataba de proteger contra toda clase de peligros morales imaginarios a base de prohibiciones increíblemente estúpidas, prácticamente ni se mencionaban los verdaderos peligros morales a los que se expone un adulto. ¿Cuáles son los actos verdaderamente perniciosos a los que se ve tentado un hombre corriente? Las triquiñuelas en los negocios, siempre que no estén prohibidas por la ley, la dureza en el trato a los empleados, la crueldad con la esposa y los hijos, la malevolencia para con los competidores, la ferocidad en los conflictos políticos... éstos son los pecados verdaderamente dañinos más comunes entre los ciudadanos respetables y respetados. Por medio de estos pecados, el hombre siembra miseriaen su entorno inmediato y pone su parte en la destrucción de la civilización. Sin embargo, no son éstas las cosas que, cuando está enfermo, le hacen considerarse un paria que ha perdido todo derecho a la gracia divina. No son éstas las cosas que le provocan pesadillas en las que ve visiones de su madre dirigiéndole miradas de reproche. ¿Por qué su moralidad subconsciente está tan divorciada de la razón? Porque la ética en que creían los que le guiaron en su infancia era una tontería; porque no estaba basada en ningún estudio de los deberes del individuo para con la comunidad; porque estaba compuesta por viejos residuos de tabúes irracionales; y porque contenía en sí misma elementos morbosos derivados de laenfermedad espiritual que aquejó al moribundo imperio romano. Nuestra moral oficial ha sido formulada por sacerdotes y por mujeres mentalmente esclavizados. Ya va siendo hora de que los hombres que van a participar normalmente en la vida normal del mundo aprendan a rebelarse contra esta idiotez enfermiza.

Pero para que la rebelión tenga éxito, para que aporte felicidad a los individuos y les permita vivir consistentemente siguiendo un criterio, y no vacilando entre dos, es necesario que el individuo piense y sienta a fondo lo que su razón le dice. La mayoría de los hombres, cuando han rechazado superficialmente las supersticiones de su infancia, creen que ya no les queda nada más que hacer. No se dan cuenta de que esas supersticiones siguen aún acechando bajo el suelo. Cuando se llega a una convicción racional, es necesario hacerhincapié en ella, aceptar sus consecuencias, buscar dentro de uno mismo por si aún quedaran creencias inconsistentes con la nueva convicción; y cuando el sentimiento de pecado cobra fuerza, como ocurre de vez en cuando, no hay que tratarlo como si fuera una revelación y una llamada a cosas más elevadas, sino como una enfermedad y una debilidad, a menos, por supuesto, que esté ocasionado por un acto condenable porla ética racional. No estoy sugiriendo que el hombre deba renunciar a la moral; lo único que digo es que debe renunciar a la moral supersticiosa, que es una cosa muy diferente.

Pero incluso cuando un hombre ha infringido su propio código racional, no creo que el sentimiento de pecado sea el mejor método para acceder a un modo de vida mejor. El sentimiento de pecado tiene algo de abyecto, algo que atenta contra el respeto a uno mismo. Y nadie ha ganado nunca nada perdiendo el respeto a sí mismo. El hombre racional ve sus propios actos indeseables igual que ve los de los demás como actos provocados por determinadas circunstancias y que deben evitarse, bien por el pleno conocimiento de que son indeseables, o bien, cuando es posible, evitando las circunstancias que los ocasionaron.

A decir verdad, el sentimiento de pecado, lejos de contribuir a una vida mejor, hace justamente lo contrario. Hace desdichado al hombre y le hace sentirse inferior. Al ser desdichado, es probable que tienda a quejarse en exceso de otras personas, lo cual le impide disfrutar de la felicidad en las relaciones personales. Al sentirse inferior, tendrá resentimientos contra los que parecen superiores. Le resultará difícil sentir admiración y fácil sentir envidia. Se irá convirtiendo en una persona desagradable en términos generales y cada vez se encontrará más solo. Una actitud expansiva y generosa hacia los demás no solo aporta felicidad a los demás, sino que es una inmensa fuente de felicidad para su poseedor, ya que hace que todos le aprecien. Pero dicha actitud es prácticamente imposible para el hombre atormentado por el sentimiento de pecado. Es consecuencia del equilibrio y la confianza en uno mismo; requiere lo que podríamos llamar integración mental, y con esto quiero decir que los diversos estratos de la naturaleza humana —consciente, subconsciente e inconsciente— funcionen en armonía y no estén enzarzados en perpetua batalla. En la mayoría de los casos, esta armonía se puede lograr mediante una educación adecuada, pero cuando la educación ha sido inadecuada el proceso se hace más difícil. Es el proceso que intentan los psicoanalistas, pero yo creo que, en muchísimos casos, el paciente puede hacer él solo el trabajo que en los casos más extremos requiere la ayuda de un experto. No hay que decir: «Yo no tengo tiempo para estas tareas psicológicas; mi vida está muy ocupada con otros asuntos y tengo que dejar a mi subconsciente con sus manías». No existe nada tan perjudicial, no solo para la felicidad sino para la eficiencia, como una personalidad dividida y enfrentada a sí misma. El tiempo dedicado a crear armonía entre las diferentes partes de la personalidad es tiempo bien empleado. No estoy diciendo que haya que dedicar, por ejemplo, una hora diaria al autoexamen. En mi opinión, éste no es el mejor método, ni mucho menos, ya que aumenta la concentración en uno mismo, que forma parte de la enfermedad que se quiere curar, ya que una personalidad armoniosa se proyecta hacia elexterior. Lo que sugiero es que cada uno decida con firmeza qué es lo que cree racionalmente, y no permita nunca que las creencias irracionales se cuelen sin resistencia o se apoderen de él, aunque sea por muy poco tiempo. Es cuestión de razonar con uno mismo en esos momentos en que uno se siente tentado a ponerse infantil; pero el razonamiento, si es suficientemente enérgico, puede ser muy breve. Así pues, el tiempo dedicado a ello puede ser mínimo.

Existen muchas personas a las que les disgusta la racionalidad, y a las cuales lo que estoy diciendo les parecerá irrelevante y sin importancia. Piensan que la racionalidad, si se le da rienda suelta, mata todas las emociones más profundas. A mí me parece que esta creencia se debe a un concepto totalmente erróneo de la función de la razón en la vida humana.No es competencia de la razón generar emociones, aunque puede formar parte de sus funciones el descubrir maneras de evitar dichas emociones, por constituir un obstáculo para el bienestar. No cabe duda de que una de las funciones de la psicología racional consiste en encontrar maneras de reducir al mínimo el odio y la envidia. Pero es un error suponer queal reducir al mínimo esas pasiones estamos reduciendo almismo tiempo la fuerza de las pasiones que la razón no condena. En el amor apasionado, en el cariño paternal, en la amistad, en la benevolencia, en la devoción a la ciencia o el arte, no hay nada que la razón quiera disminuir. El hombre racional, cuando siente alguna de estas emociones, o todas ellas, se alegra de sentirlas y no hace nada por disminuir su fuerza, ya que todas estas emociones forman parte de la vida buena, es decir, de la vida que busca la felicidad para uno mismo y para los demás. En sí mismas, las pasiones no tienen nada de irracional, y muchas personas irracionales solo sienten las pasiones más triviales. No hay por qué temer que, por volverse racional, uno vaya a quitarle el sabor a su vida. Al contrario, dado que el principal aspecto de la racionalidad es la armonía interior, el hombre que la consigue es más libre en su contemplación del mundo y en el empleo de sus energías para lograr propósitos exteriores que el que está perpetuamente estorbado por conflictos internos. No hay nada tan aburrido como estar encerrado en uno mismo, ni nada tan regocijante como tener la atención y la energía dirigidas hacia fuera.

Nuestra moral tradicional ha sido excesivamente egocéntrica, y el concepto de pecado forma parte de este universo que centra toda la atención en uno mismo. A los que nunca han experimentado los estados de ánimo subjetivos inducidos por esta moral defectuosa, la razón puede parecerles innecesaria. Pero para los que han contraído una vez la enfermedad, la razón es necesaria para lograr la curación. Y hasta puede que la enfermedad sea una fase necesaria para el desarrollo mental. Me siento inclinado a pensar que el hombre que la ha superado con ayuda de la razón ha alcanzado un nivel superior que el que nunca ha experimentado ni la enfermedad ni la curación. El odio a la razón, tan común en nuestra época, se debe en gran parte al hecho de que el funcionamiento de la razón no se concibe de un modo suficientemente fundamental. El hombre dividido y enfrentado a sí mismo busca excitación y distracción; le atraen las pasiones fuertes, pero no por razones sólidas sino porque de momento le sacan fuera de sí mismo y le evitan la dolorosa necesidad de pensar. Para él, toda pasión es una forma de intoxicación, y como no es capaz de concebir la felicidad fundamental, le parece que la única manera de aliviar el dolor es la intoxicación. Sin embargo, éste es un síntoma de una enfermedad muy arraigada. Cuando esta enfermedad no existe, la mayor felicidad se deriva del completo dominio de las propias facultades. Los gozos más intensos se experimentan en los momentos en que la mente está más activa y se olvidan menos cosas. De hecho, ésta es una de las mejores piedras de toque de la felicidad. La felicidad que requiere intoxicación, sea del tipo que sea, es espuria y no satisface. La felicidad auténticamente satisfactoria va acompañada del pleno ejercicio de nuestras facultades y de la plena comprensión del mundo en que vivimos.

8

MANÍA PERSECUTORIA

En sus modalidades más extremas, la manía persecutoria es una forma reconocida de locura. Algunas personas imaginan que otras quieren matarlas, meterlas en la cárcel o hacerles algún otro daño grave. A menudo, el deseo de protegerse contra los perseguidores imaginarios las empuja a actos de violencia, que hacen necesario restringir su libertad. Como otras muchas formas de locura, esto no es másque una exageración de una tendencia que no es nada infrecuente en personas consideradas normales. No es mi intención comentar las formas extremas, que son competencia del psiquiatra. Son las formas más suaves las que quiero considerar, porque son una causa muy frecuente de infelicidad y porque, como no llegan al grado de ocasionar una demencia manifiesta, puede tratarlas el paciente mismo, con tal de que sele pueda convencer de que diagnostique correctamente sutrastorno y acepte que sus orígenes están en él mismo y no en la supuesta hostilidad o malevolencia de otros.

Todos conocemos a ese tipo de persona, hombre o mujer, que, según sus propias explicaciones, es víctima constante de ingratitudes, malos tratos y traiciones. A menudo, las personas de esta clase resultan muy creíbles y se ganan las simpatías de los que no las conocen desde hace mucho. Por regla general, no hay nada inherentemente inverosímil en cada historia que cuentan. Es indudable que a veces se dan las clases de malos tratos de las que ellos se quejan. Lo que acaba por despertar las sospechas del oyente es la multitud de malas personas que el sufridor ha tenido la desgracia de encontrar. Según la ley de probabilidades, las diferentes personas que viven en una determinada sociedad sufrirán, a lo largo de su vida, más o menos la misma cantidad de malos tratos. Si una persona de cierto ambiente asegura ser víctima de un maltratouniversal, lo más probable es que la causa esté en ella misma, y que o bien se imagina afrentas que en realidad no ha sufrido, o bien se comporta inconscientemente de tal manera que provoca una irritación incontrolable. Por eso, la gente experimentada no se fía de los que, según ellos, son invariablemente maltratados por el mundo; y con su falta de simpatía tienden a confirmar a esos desdichados su opinión de que todo el mundo está contra ellos. En realidad, se trata de un problema difícil, porque se agudiza tanto con la simpatía como con la falta de ella. La persona con tendencia a la manía persecutoria, cuando ve que le creen una de sus historias de malasuerte, la adorna hasta rozar los límites de la credibilidad; en cambio, si ve que no la creen, ya tiene otra muestra de la curiosa malevolencia de la humanidad para con ella. La enfermedad solo se puede tratar con comprensión, y esta comprensión hay que transmitírsela al paciente para que sirva de algo. En este capítulo me propongo sugerir algunas reflexiones generales que permitirán a cada individuo detectar en sí mismo los elementos de la manía persecutoria (que casi todos padecemos en mayor o menor grado), para que, una vez detectados, se puedan eliminar. Esto forma parte importante de la conquista de la felicidad, ya que es completamente imposible ser feliz si sentimos que todo el mundo nos trata mal.

Una de las formas más universales de irracionalidad es la actitud adoptada por casi todo el mundo hacia el chismorreo malicioso. Muy pocas personas resisten la tentación de decir cosas maliciosas acerca de sus conocidos, y a veces hasta de sus amigos; sin embargo, cuando alguien se entera de que handicho algo contra él, se llena de asombro e indignación. Al parecer, a estas personas nunca se les ha ocurrido que, así como ellos chismorrean acerca de todos los demás, también los demás chismorrean acerca de ellos. Ésta es una modalidadsuave de la actitud que, cuando se lleva a la exageración, conduce a la manía persecutoria. Esperamos que todo el mundo sienta por nosotros ese tierno amor y ese profundo respeto que sentimos por nosotros mismos. No se nos ocurre que no podemos esperar que otros piensen de nosotros mejor que nosotros de ellos, y no se nos ocurre porque nuestros propios méritos son grandes y evidentes, mientras que los méritos ajenos, si es que existen, solo son visibles para ojos caritativos. Cuando nos enteramos de que fulanito ha dicho algo horrible acerca de nosotros, nos acordamos de las noventa y nueve veces que nos abstuvimos de expresar nuestras justas y merecidísimas críticas, y nos olvidamos de la centésima vez, cuando, en un momento de incontinencia, declaramos lo que considerábamos la verdad acerca de él. ¿Así me paga toda mi tolerancia?, pensamos. Sin embargo, desde su punto de vista, nuestra conducta parece exactamente igualque la suya a nuestros ojos; él no sabe nada de las veces que callamos, solo está enterado de la centésima vez, cuando sí que hablamos. Si a todos se nos concediera el poder mágico de leer los pensamientos ajenos, supongo que el primer efectosería la ruptura de casi todas las amistades; sin embargo, el segundo efecto sería excelente, porque un mundo sin amigos nos resultaría insoportable y tendríamos que aprender a apreciar a los demás sin necesidad de ocultar tras un velo de ilusión que nadie considera a nadie absolutamente perfecto. Sabemos que nuestros amigos tienen sus defectos y, sin embargo, en general son gente agradable que nos gusta. No obstante, consideramos intolerable que ellos tengan la misma actitudpara con nosotros. Queremos que piensen que nosotros, a diferencia del resto de la humanidad, no tenemos defectos. Cuando nos vemos obligados a admitir que tenemos defectos, nos tomamos demasiado en serio un hecho tan evidente. Nadie debería creerse perfecto, ni preocuparse demasiado por el hecho de no serlo.

La manía persecutoria tiene siempre sus raíces en un concepto exagerado de nuestros propios méritos. Supongamos que soy autor teatral; para toda persona imparcial tiene que ser evidente que soy el dramaturgo más brillante de nuestra época. Sin embargo, por alguna razón, mis obras casi nunca se representan, y cuando se representan no tienen éxito. ¿Qué explicación tiene esta extraña situación? Evidentemente, empresarios, actores y críticos están conjurados contra mí por algún motivo. Y dicho motivo, por supuesto, es otro gran mérito mío: me he negado a rendir pleitesía a los peces gordos del mundo teatral; no he adulado a los críticos; mis obras contienen verdades como puños, que resultan insoportables para los aludidos. Y así, mis trascendentales méritos languidecen sin ser reconocidos.

Tenemos también al inventor que jamás ha logrado que alguien examine los méritos de su invento; los fabricantes siguen caminos trillados y no prestan atención a ninguna innovación, y los pocos que son progresistas tienen sus propios equipos de inventores, que cierran el paso a las intrusiones de los genios no autorizados; las asociaciones científicas, por extraño que parezca, pierden los manuscritos que uno les envía o los devuelven sin leer; los individuos a los que uno apela se muestran inexplicablemente reacios. ¿Cómo se puede explicar este estado de cosas? Evidentemente, existe una camarilla cerrada de personas que quieren repartirse entre ellas todos los beneficios que puedan obtenerse de los inventos; al que no pertenezca a esta camarilla cerrada no le escucharán nunca.

También está el hombre que tiene auténticos motivos para quejarse, basados en hechos reales, pero que generaliza a la luz de su experiencia y llega a la conclusión de que sus desdichas constituyen la clave del universo; pongamos que ha descubierto algún escándalo relacionado con el Servicio Secreto que al gobierno le interesa mantener oculto. No puede conseguir que se haga público su descubrimiento, y las personas aparentemente más influyentes se niegan a mover un dedo para remediar el mal que a él le llena de indignación. Hasta aquí, los hechos son como los cuenta. Pero los rechazos le han causado tanta impresión que cree que todos los poderosos están ocupados exclusivamente en ocultar los delitos a los que deben su poder. Los casos de este tipo son especialmente obstinados, debido a que su punto de vista es cierto en parte; pero, como es natural, lo que les ha afectado personalmente les ha hecho más impresión que otras cuestiones, muchísimo más numerosas, de las que no han tenido experiencia directa. Esto les da un sentido erróneo de la proporción y hace que concedan excesiva importancia a hechos que tal vez sean excepcionales, y no típicos.

Otra víctima nada infrecuente de la manía persecutoria es cierto tipo de filántropo que siempre está haciendo el bien a la gente en contra de la voluntad de ésta, y que se asombra y horroriza de que no le muestren gratitud. Nuestros motivos para hacer el bien rara vez son tan puros como nos imaginamos. El afán de poder es insidioso, tiene muchos disfraces, ya menudo es la fuente del placer que obtenemos al hacer lo que creemos que es el bien para los demás. Tampoco es raro que intervenga otro elemento. Por lo general, «hacer el bien» a la gente consiste en privarle de algún placer: la bebida, el juego, la ociosidad o algo por el estilo. En este caso, hay un elemento que es típico de gran parte de la moral social: la envidia que nos dan los que están en posición de cometer pecados de los que nosotros tenemos que abstenernos si queremos conservar el respeto de nuestros amigos. Los que votan, por ejemplo, a favor de la prohibición de fumar (leyes así existen o han existido en varios estados de Estados Unidos) son, evidentemente, no fumadores para los que el placer que otros obtienen del tabaco es una fuente de dolor. Si esperan que los antiguos adictos al cigarrillo formen una comisión para ir a darles las gracias por emanciparlos de tan odioso vicio, es posible que queden decepcionados. Y entonces pueden empezar a pensar que han dedicado su vida al bien común, y que quienes más motivos tenían para estarles agradecidos por sus actividades benéficas parecen no darse ninguna cuenta de que deberían agradecérselo.

Antes se observaba este mismo tipo de actitud por parte de las señoras para con las sirvientas, cuya moralidad salvaguardaban. Pero en estos tiempos, el problema del servicio se ha agudizado tanto que esta forma de benevolencia hacia lascriadas se ha hecho menos común.

En la alta política ocurre algo muy parecido. El estadista que poco a poco ha ido concentrando todo el poder en su persona para estar en condiciones de llevar a cabo los nobles y elevados propósitos que le decidieron a renunciar a las comodidades y entrar en la arena de la vida pública, se queda asombrado de la ingratitud de la gente cuando ésta se vuelve contra él.Nunca se le ocurre pensar que su esfuerzo pudiera tener algún otro motivo, aparte del interés público, o que el placer de controlarlo todo pueda haber inspirado en alguna medida sus actividades. Poco a poco, le parece que las frases habituales de los discursos o de la prensa del partido expresan verdades, y confunde la retórica partidista con un auténtico análisis de los motivos. Disgustado y desilusionado, se retira del mundodespués de que el mundo le abandone a él, y lamenta haber intentado una tarea tan ingrata como la búsqueda del bienestar público.

Estos ejemplos me sugieren cuatro máximas generales, que servirán de eficaz preventivo de la manía persecutoria si se acepta suficientemente su veracidad. La primera es: recuerda que tus motivos no siempre son tan altruistas como te parecen a ti. La segunda: no sobreestimes tus propios méritos. La tercera: no esperes que los demás se interesen por ti tanto como te interesas tú. Y la cuarta: no creas que la gente piensa tanto en ti como para tener algún interés especial en perseguirte. Voy a decir unas palabras acerca de cada una de estas máximas.

Recelar de nuestros propios motivos es especialmente necesario para los filántropos y los ejecutivos. Estas personas tienen una visión de cómo debería ser el mundo, o una parte del mundo, y sienten, a veces con razón y otras veces sin ella, que al hacer realidad su visión, están beneficiando a la humanidad o a una parte de la humanidad. Sin embargo, no se dan cuenta de que cada uno de los individuos afectados por sus actividades tiene tanto derecho como ellos a tener su propia opinión sobre la clase de mundo que le gustaría. Los hombresdel tipo ejecutivo están completamente seguros de que su visión es acertada y de que toda opinión contraria es errónea. Pero su certeza subjetiva no aporta ninguna prueba de veracidad objetiva. Es más: su convicción es muy a menudo un mero camuflaje para el placer que experimentan al contemplar cambios causados por ellos. Y además del afán de poder, existe otro motivo, la vanidad, que actúa con mucha fuerza enestos casos. El idealista magnánimo que se presenta al Parlamento —sobre esto hablo por experiencia— se queda asombrado ante el cinismo del electorado, que da por supuesto que solo busca el honor de escribir «miembro del Parlamento» detrás de su nombre. Cuando la campaña ha terminado y tienetiempo para pensar, se le ocurre que, después de todo, puede que los electores cínicos tuvieran razón. El idealismo pone extraños disfraces a motivos muy simples, y por eso a nuestros hombres públicos no les viene mal una dosis de cinismo realista. La moral convencional inculca un grado de altruismoque apenas está al alcance de la condición humana, y los que se enorgullecen de su virtud se imaginan con frecuencia que han alcanzado este ideal inalcanzable. La inmensa mayoría de las acciones humanas, incluyendo las de las personas más nobles, tiene motivos egoístas, y no hay que lamentarse de ello, porque si no fuera así la especie humana no habría sobrevivido. Un hombre que dedicara todo su tiempo a procurarque los demás se alimenten, olvidándose de comer él mismo, moriría. Claro que podría comer solo lo suficiente para cobrarlas fuerzas necesarias para lanzarse de nuevo al combate contra el mal, pero es dudoso que el alimento comido de este modo se digiera adecuadamente, porque no se estimularía lo suficiente el flujo de saliva. Así pues, es preferible que el hombre coma porque disfruta de la comida a que acceda a dedicar algún tiempo a comer inspirado exclusivamente porsu interés por el bien común.

Y lo que se aplica a la comida se puede aplicar a todo lo demás. Cualquier cosa que haya que hacer, solo se podrá hacer correctamente con ayuda de cierto entusiasmo, y es difícil tener entusiasmo sin algún motivo personal. Desde este punto de vista, habría que incluir entre los motivos personales los que conciernen a personas biológicamente emparentadas con uno, como el impulso de defender a la mujer y los hijos contra los enemigos. Este grado de altruismo forma parte de la condición humana normal, pero el grado inculcado por la ética convencional no, y muy rara vez se alcanza realmente. Así pues, las personas que desean tener una alta opinión de su propia excelencia moral tienen que convencerse a sí mismas de que han alcanzado un grado de abnegación que es muy improbable que hayan logrado, y aquí es donde el empeño en alcanzar la santidad entra en relación con el autoengaño, un tipo de autoengaño que fácilmente conduce a la manía persecutoria.

La segunda de nuestras cuatro máximas, la que dice que no conviene sobreestimar nuestros propios méritos, ha quedado comentada, en lo tocante a los méritos morales, con lo que ya hemos dicho. Pero tampoco hay que sobreestimar otros méritos que no son del tipo moral. El dramaturgo cuyas obras nunca tienen éxito debería considerar con calma la hipótesis de que sus obras son malas; no debería rechazarla de antemano por ser evidentemente insostenible. Si descubre que encaja con los hechos, debería adoptarla, como haría un filósofo inductivo. Es cierto que en la historia se han dado casos de mérito no reconocido, pero son mucho menos numerosos que los casos de mediocridad reconocida. Si un hombre es un genio a quien su época no quiere reconocer como tal, hará bien en persistir en su camino aunque no reconozcan su mérito. Pero si se trata de una persona sin talento, hinchada de vanidad, hará bien en no persistir. No hay manera de saber a cuál de estas dos categorías pertenece uno cuando le domina el impulso de crear obras maestras desconocidas. Si perteneces a la primera categoría, tu persistencia es heroica; si perteneces a la segunda, es ridícula. Cuando lleves muerto cien años, será posible saber a qué categoría pertenecías. Mientras tanto, si usted sospecha que es un genio pero sus amigos sospechan que no lo es, existe una prueba, que tal vez no sea infalible, y que consiste en lo siguiente: ¿produce usted porque siente la necesidad urgente de expresar ciertas ideas o sentimientos, o lo hace motivado por el deseo de aplauso? En el auténtico artista, el deseo de aplauso, aunque suele existir y ser muy fuerte, es secundario, en el sentido de que el artista desea crear cierto tipo de obra y tiene la esperanza de que dicha obra sea aplaudida, pero no alterará su estilo aunque no obtenga ningún aplauso. En cambio, el hombre cuyo motivo primario es el deseo de aplauso carece de una fuerza interior que le impulse a un modo particular de expresión, y lo mismo podría hacer un tipo de trabajo totalmente diferente. Esta clase de hombre, si no consigue que se aplauda su arte, lo mejor que podría hacer es renunciar. Y hablando en términos más generales, cualquiera que sea su actividad en la vida, si descubre usted que los demás no valoran sus cualidades tanto como las valora usted, no esté tan seguro de que son ellos los que se equivocan. Si se permite usted pensar eso, puede caer fácilmente en la creencia de que existe una conspiración para impedir que se reconozcan sus méritos, y creer eso le hará desgraciado con toda seguridad. Reconocer que nuestros méritos no son tan grandes como habíamos pensado puede ser muy doloroso en un primer momento, pero es un dolor que pasa, y después vuelve a ser posible vivir feliz.

Nuestra tercera máxima decía que no hay que esperar demasiado de los demás. En otros tiempos, las señoras inválidas esperaban que al menos una de sus hijas se sacrificara por completo para asumir las tareas de enfermera, llegando incluso a renunciar al matrimonio. Esto es esperar de otro un grado de altruismo contrario a la razón, ya que el altruista pierde más de lo que gana el egoísta. En todos nuestros tratos con otras personas, y en especial con las más próximas y queridas, es importante —y no siempre fácil— recordar que ellos ven la vida desde su propio punto de vista y según afecte a su propio ego, y no desde nuestro punto de vista y según afecte anuestro ego. No debemos esperar que ninguna persona altere el curso principal de su vida en beneficio de otro individuo.En algunas ocasiones puede existir un amor tan fuerte que hasta los mayores sacrificios resultan naturales, pero si no sonnaturales no hay que hacerlos y a nadie se le debería reprochar que no los haga. Con mucha frecuencia, la conducta ajena que nos molesta no es más que la sana reacción del egoísmo natural contra la voraz rapacidad de una persona cuyo egose extiende más allá de los límites correctos.

La cuarta máxima que hemos mencionado dice que hay que convencerse de que los demás pierden mucho menos tiempo pensando en nosotros que el que perdemos nosotros. El demente que padece de manía persecutoria imagina que toda clase de personas, que en realidad tienen sus propias ocupaciones e intereses, se pasan mañana, tarde y noche empeñadosen maquinar maldades contra el pobre lunático. De manera similar, el individuo relativamente cuerdo que padece de manía persecutoria ve en toda clase de actos una referencia a su persona que en realidad no existe. Naturalmente, esta idea halaga su vanidad. Si fuera un hombre realmente grande, podría ser verdad. Durante muchos años, los actos del gobierno británico tuvieron como principal objetivo hundir a Napoleón. Pero cuando una persona sin especial importancia se imagina que los demás están pensando constantemente en ella, ha iniciado el camino de la locura. Supongamos que pronuncia usted un discurso en un banquete público. En los periódicos aparecen fotografías de otros oradores, pero ninguna de usted. ¿Cómo se explica esto? Evidentemente, no es porque a los otros oradores se les considere más importantes; tiene que ser porque los directores de los periódicos dieron órdenes de que usted no apareciera. ¿Y por qué han ordenado tal cosa? Evidentemente, porque le temen a usted, a causa de su gran importancia. De este modo, la omisión de su fotografía deja de ser un desaire para transformarse en un sutil elogio. Pero este tipo de autoengaño no puede dar origen a una felicidad sólida. En el fondo de su mente, usted siempre sabrá que los hechos ocurrieron de otro modo, y para mantener ese conocimiento lo más oculto posible tendrá que inventar hipótesis cada vez más fantásticas. Llegará un momento en que el esfuerzo necesario para creerlas será demasiado grande. Y como, además, llevan implícita la convicción de que es usted víctima de la hostilidad general, la única manera de salvaguardar su autoestima será fomentando la dolorosísima sensación de que está usted enfrentado al mundo. Las satisfacciones basadas en el autoengaño nunca son sólidas, y, por muy desagradable que sea la verdad, es mejor afrontarla de una vez por todas, acostumbrarse a ella y dedicarse a construir nuestra vida de acuerdo con ella.

9

MIEDO A LA OPINIÓN PÚBLICA

Muy pocas personas pueden ser felices sin que su modo de vida y su concepto del mundo sean aprobados, en términos generales, por las personas con las que mantienen relaciones sociales y, muy especialmente, por las personas con que viven. Una peculiaridad de las comunidades modernas es que están divididas en sectores que difieren mucho en cuestiones de moral y creencias. Esta situación comenzó con la Reforma, o tal vez con el Renacimiento, y se ha ido acentuando desde entonces. Había protestantes y católicos que no solo tenían diferencias en asuntos deteología, sino en muchas cuestiones prácticas. Había aristócratas que se permitían hacer ciertas cosas que no eran toleradas entre la burguesía. Después, hubo latitudinarios y librepensadores que no aceptaban la imposición de un culto religioso. En nuestros tiempos, y a todo lo ancho del continente europeo, existe una profunda división entre socialistas y no socialistas, que no solo afecta a la política sino a casi todoslos aspectos de la vida. En los países de habla inglesa, las divisiones son muy numerosas. En algunos sectores se admira el arte y en otros se lo considera diabólico, sobre todo si es moderno. En ciertos sectores, la devoción al imperio es la virtud suprema, en otros se considera un vicio y en otros una estupidez. Para las personas convencionales, el adulterio es uno de los peores delitos, pero grandes sectores de la población lo considera excusable, y hasta positivamente encomiable. El divorcio está absolutamente prohibido para los católicos, pero casi todos los no católicos lo consideran un alivio necesario del matrimonio.

Debido a todas estas diferencias de criterio, una persona con ciertos gustos y convicciones puede verse rechazada como un paria cuando vive en un ambiente, aunque en otro ambiente sería aceptada como un ser humano perfectamente normal. Así se origina una gran cantidad de infelicidad, sobre todo en los jóvenes. Un chico o una chica capta de algún modo las ideas que están en el aire, pero se encuentra con que esasideas son anatema en el ambiente particular en que vive. Es fácil que a los jóvenes les parezca que el único entorno con el que están familiarizados es representativo del mundo entero. Les cuesta creer que, en otro lugar o en otro ambiente, las opiniones que ellos no se atreven a expresar por miedo a que se les considere totalmente perversos serían aceptadas como cosa normal de la época. Y de este modo, por ignorancia del mundo, se sufre mucha desgracia innecesaria, a veces solo en la juventud, pero muchas veces durante toda la vida. Este aislamiento no solo es una fuente de dolor, sino que además provoca un enorme gasto de energía en la innecesaria tarea demantener la independencia mental frente a un entorno hostil,y en el 99 por ciento de los casos ocasiona cierto reparo a seguir las ideas hasta sus conclusiones lógicas. Las hermanas Brontë nunca conocieron a nadie que congeniara con ellas hasta después de publicar sus libros. Esto no afectó a Emily, que tenía un temperamento heroico y grandilocuente, pero sí que afectó a Charlotte, que, a pesar de su talento, siempre mantuvo una actitud muy similar a la de una institutriz. También Blake, como Emily Brontë, vivió en un aislamiento mental extremo, pero al igual que ella poseía la grandeza suficiente para superar sus malos efectos, ya que jamás dudó de queél tenía razón y sus críticos se equivocaban. Su actitud hacia la opinión pública está expresada en estos versos:

El único hombre que he conocidoque no me hacía casi vomitar ha sido Fuseli: era mitad turco y mitad judío.

Así que, queridos amigos cristianos, ¿cómo os va?

Pero no hay muchas personas cuya vida interior tenga este grado de fuerza. Casi todo el mundo necesita un entorno amistoso para ser feliz. La mayoría, por supuesto, se encuentra a gusto en el ambiente en que le ha tocado vivir. Han asimilado de jóvenes los prejuicios más en boga y se adaptan instintivamente a las creencias y costumbres que encuentran a su alrededor. Pero para una gran minoría, que incluye a prácticamente todos los que tienen algún mérito intelectual o artístico, esta actitud de aquiescencia es imposible. Una persona nacida, por ejemplo, en una pequeña aldea rural se encontrará desde la infancia rodeada de hostilidad contra todo lo necesario para la excelencia mental. Si quiere leer libros serios, los demás niños se reirán de él y los maestros le dirán que esas obras pueden trastornarle. Si le interesa el arte, sus coetáneos le considerarán afeminado, y sus mayores dirán que es inmoral. Si quiere seguir una profesión, por muy respetable que sea, que no haya sido común en el círculo al que pertenece, sele dice que está siendo presuntuoso y que lo que estuvo bien para su padre también debería estar bien para él. Si muestra alguna tendencia a criticar las creencias religiosas o las opiniones políticas de sus padres, es probable que se meta en graves apuros. Por todas estas razones, la adolescencia es una época de gran infelicidad para casi todos los chicos y chicas con talentos excepcionales. Para sus compañeros más vulgares puede ser una época de alegría y diversión, pero ellos quieren algo más serio, que no pueden encontrar ni entre sus mayores ni entre sus coetáneos del entorno social concreto en que el azar les hizo nacer.

Cuando estos jóvenes van a la universidad, es muy probable que encuentren almas gemelas y disfruten de unos años de gran felicidad. Si tienen suerte, al salir de la universidad pueden encontrar algún tipo de trabajo que les siga ofreciendo la oportunidad de elegir compañeros con gustos similares; un hombre inteligente que viva en una ciudad tan grande como Londres o Nueva York casi siempre puede encontrar un entorno con el que congeniar, en el que no sea necesario reprimirse ni portarse con hipocresía. Pero si su trabajo le obliga a vivir en una población pequeña y, sobre todo, si necesita conservar el respeto de la gente corriente, como ocurre por ejemplo con los médicos y abogados, puede verse obligado durante casi toda su vida a ocultar sus verdaderos gustos y convicciones a la mayoría de las personas con que trata a lo largodel día. Esta situación se da mucho en Estados Unidos, debido a la gran extensión del país. En los lugares más improbables, al norte, al sur, al este y al oeste, uno encuentra individuos solitarios que saben, gracias a los libros, que existen lugares en los que no estarían solos, pero que no tienen ninguna oportunidad de vivir en dichos lugares, y solo muy de vez en cuando pueden hablar con alguien que piense como ellos. En estas circunstancias, la auténtica felicidad es imposible para los que no están hechos de una pasta tan extraordinaria como la de Blake y Emily Brontë. Si se quiere conseguir, hay que encontrar alguna manera de reducir o eludir la tiranía de la opinión pública, y que permita a los miembros de la minoría inteligente conocerse unos a otros y disfrutar de la compañía mutua.

En muchísimos casos, una timidez injustificada agrava el problema más de lo necesario. La opinión pública siempre es más tiránica con los que la temen obviamente que con los que se muestran indiferentes a ella. Los perros ladran más fuerte y están más dispuestos a morder a las personas que les tienen miedo que a los que los tratan con desprecio, y el rebaño humano es muy parecido en este aspecto. Si se nota que les tienes miedo, les estás prometiendo una buena cacería, pero si temuestras indiferente empiezan a dudar de su propia fuerza y por tanto tienden a dejarte en paz. Desde luego, no estoy hablando de las formas extremas de disidencia. Si defiendes en Kensington las ideas que son convencionales en Rusia, o en Rusia las ideas convencionales en Kensington, tendrás que atenerte a las consecuencias. No estoy pensando en estos casos extremos, sino en rupturas mucho más suaves con lo convencional, como no vestirse correctamente, pertenecer a cierta iglesia o abstenerse de leer libros inteligentes. Estas salidas de lo convencional, si se hacen alegremente y sin darles importancia, no en plan provocador sino con espontaneidad, acaban tolerándose incluso en las sociedades más convencionales. Poco a poco, se puede ir adquiriendo la posición de lunático con licencia, al que se le permiten cosas que en otra persona se considerarían imperdonables. En gran medida, es cuestión de simpatía y buen carácter. A las personas convencionales les enfurece lo que se sale de la norma, principalmente porque consideran estas desviaciones como una crítica contra ellas. Pero perdonarán muchas excentricidades a quien se muestre tan jovial y amistoso que deje claro, hasta para los más idiotas, que no tiene intención de criticarlos.

Sin embargo, este método de escapar a la censura es imposible para muchos, cuyos gustos u opiniones les granjean la antipatía del rebaño. Su falta de simpatía les hace sentirse a disgusto y adoptar una actitud beligerante, aunque guarden las apariencias o se las arreglen para evitar los temas espinosos. Y así, las personas que no están en armonía con las convenciones de su entorno social tienden a ser irritables y difíciles de contentar, y suelen carecer de buen humor expansivo. Estas mismas personas, transportadas a otro entorno dondesus puntos de vista no se considerasen raros, cambiarían por completo de carácter aparente. Dejarían de ser serias, tímidas y reservadas, y se volverían alegres y seguras de sí mismas; dejarían de ser ásperas y se volverían suaves y de trato agradable; dejarían de vivir centradas en sí mismas para volverse sociables y extravertidas.

Así pues, siempre que sea posible, los jóvenes que no se sienten en armonía con su entorno deberían procurar elegir una profesión que les dé oportunidades de encontrar compañía similar a ellos, aun cuando esto signifique una considerable pérdida de ingresos. Con frecuencia, ni siquiera saben queesto es posible, porque su conocimiento del mundo es muy limitado y puede que piensen que los prejuicios habituales en su casa son universales. Ésta es una cuestión en la que los mayores podrían ayudar mucho a los jóvenes, ya que para ello es imprescindible tener mucha experiencia de la humanidad.

En esta época del psicoanálisis es habitual suponer que si algún joven no está en armonía con su entorno, tiene que deberse a algún trastorno psicológico. En mi opinión, esto es un completo error. Supongamos, por ejemplo, que los padres de un joven creen que la teoría de la evolución es abominable.En un caso así, solo se necesita inteligencia para discrepar de ellos. No estar en armonía con el propio entorno es una desgracia, de acuerdo, pero no siempre es una desgracia que haya que evitar a toda costa. Cuando el entorno es estúpido, lleno de prejuicios o cruel, no estar en armonía con él es un mérito. Y estas características se dan, en cierta medida, encasi todos los entornos. Galileo y Kepler tenían «ideas peligrosas», como se dice en Japón, y lo mismo les ocurre a los hombres más inteligentes de nuestros tiempos. No conviene que el sentido social esté tan desarrollado que haga que hombres así teman la hostilidad social que podrían provocar sus opiniones. Lo deseable es encontrar maneras de conseguirque esa hostilidad sea lo más ligera e ineficaz posible.

En el mundo moderno, la parte más importante de este problema surge en la juventud. Si un hombre ya está ejerciendo la profesión adecuada en el entorno adecuado, en la mayoría de los casos logrará escapar de la persecución social, pero mientras sea joven y sus méritos no estén demostrados, se expone a estar a merced de ignorantes que se consideran capaces de juzgar en asuntos de los que no saben nada, y que se escandalizan si se les insinúa que una persona tan joven puede saber más que ellos, con toda su experiencia del mundo. Muchas personas que han logrado al fin escapar de la tiranía de la ignorancia han tenido que luchar tanto y durante tanto tiempo contra la represión, que al final acaban amargados y con la energía debilitada. Existe la cómoda idea de que el genio siempre logra abrirse camino; y apoyándose en esta doctrina, mucha gente considera que la persecución del talento juvenil no puede hacer mucho daño. Pero no existe base alguna para aceptar esa idea. Es como la teoría de que siempre se acaba descubriendo al asesino. Evidentemente, todos los asesinos que conocemos han sido descubiertos, pero ¿quién sabe cuántos más puede haber de los que no sabemos nada? De la misma manera, todos los hombres de genio de los que hemos oído hablar han triunfado sobre circunstancias adversas, pero no hay razones para suponer que no ha habido innumerables genios más, malogrados en la juventud. Además, no solo es cuestión de genio, sino también de talento, que es igual de necesario para la comunidad. Y no solo es cuestiónde salir a flote del modo que sea, sino de salir a flote sin quedar amargado y falto de energías. Por todas estas razones, no conviene ponerles muy duro el camino a los jóvenes.

Si bien es deseable que los mayores muestren respeto a los deseos de los jóvenes, no es deseable que los jóvenes muestren respeto a los deseos de los viejos. Por una razón muy simple: porque se trata de la vida de los jóvenes, no de la vidade los viejos. Cuando los jóvenes intentan regular la vida de los mayores, como por ejemplo cuando se oponen a que un padre viudo se vuelva a casar, incurren en el mismo error que los viejos que intentan regular la vida de los jóvenes. Viejos y jóvenes, en cuanto alcanzan la edad de la discreción, tienen igual derecho a decidir por sí mismos y, si se da el caso, a equivocarse por sí mismos. No se debe aconsejar a los jóvenes que cedan a las presiones de los viejos en asuntos vitales. Supongamos, por ejemplo, que es usted un joven que desea dedicarse al teatro, y que sus padres se oponen, bien porque opinen que el teatro es inmoral, bien porque les parezca socialmente inferior. Pueden aplicar todo tipo de presiones; pueden amenazarle con echarle de casa si desobedece sus órdenes; pueden decirle que es seguro que se arrepentirá al cabo de unos años; pueden citar toda una sarta de terroríficos casos de jóvenes que fueron tan insensatos como para hacerlo que usted pretende y acabaron de mala manera. Y por supuesto, puede que tengan razón al pensar que el teatro no esla profesión adecuada para usted; es posible que no tenga usted talento para actuar o que tenga mala voz. Pero si éste es el caso, usted lo descubrirá enseguida, porque la propia gente deteatro se lo hará ver, y aún le quedará tiempo de sobra para adoptar una profesión diferente. Los argumentos de los padres no deben ser razón suficiente para renunciar al intento.Si, a pesar de todo lo que digan, usted lleva a cabo sus intenciones, ellos no tardarán en ceder, mucho antes de lo que usted y ellos mismos suponen. Eso sí, si la opinión de los profesionales es desfavorable, la cosa es muy distinta, porque los principiantes siempre deben respetar la opinión de los profesionales.

Yo creo que, en general, dejando aparte la opinión de los expertos, se hace demasiado caso a las opiniones de otros, tanto en cuestiones importantes como en asuntos pequeños. Como regla básica, uno debe respetar la opinión pública lo justo para no morirse de hambre y no ir a la cárcel, pero todo lo que pase de ese punto es someterse voluntariamente a una tiranía innecesaria, y lo más probable es que interfiera con la felicidad de miles de maneras. Tomemos como ejemplo la cuestión de los gastos. Muchísima gente gasta dinero en cosasque no satisfacen sus gustos naturales, simplemente porque creen que el respeto de sus vecinos depende de que posean unbuen coche o de que puedan invitar a buenas cenas. En realidad, un hombre que pueda claramente comprarse un coche pero prefiera gastarse el dinero en viajar o en una buena biblioteca acabará siendo mucho más respetado que si se hubiera comportado exactamente como todos los demás. No tiene sentido burlarse deliberadamente de la opinión pública; eso esseguir bajo su dominio, aunque de un modo retorcido. Pero ser auténticamente indiferente a ella es una fuerza y una fuente de felicidad. Y una sociedad compuesta por hombres y mujeres que no se sometan demasiado a los convencionalismoses mucho más interesante que una sociedad en la que todos secomportan igual. Cuando el carácter de cada persona se desarrolla individualmente, se conservan las diferencias entre tipos y vale la pena conocer gente nueva, porque no son meras copias de las personas que ya conocemos. Ésta ha sido una delas ventajas de la aristocracia, ya que a los que eran nobles por nacimiento se les permitía una conducta errática. En el mundo moderno estamos perdiendo esta fuente de libertad social, y, por tanto, se ha hecho necesario pensar más en los peligros de la uniformidad. No quiero decir que haya que ser intencionadamente excéntrico, porque eso es tan poco interesante como ser convencional. Lo único que digo es que uno debe ser natural y seguir sus inclinaciones espontáneas, siempre que no sean claramente antisociales.

En el mundo moderno, debido a la rapidez de la locomoción, la gente depende menos que antes de sus vecinos más próximos. Los que tienen automóvil pueden considerar vecino a cualquier persona que viva a menos de treinta kilómetros. Tienen, por tanto, muchas más posibilidades de elegir compañía que las que se tenían en otros tiempos. En cualquier zona populosa, hay que tener muy mala suerte para no conocer almas afines en un radio de treinta kilómetros. La idea de que hay que conocer a los vecinos inmediatos se ha extinguido ya en los grandes centros urbanos, pero aún sigue viva en las poblaciones pequeñas y en el campo. Ahora es una tontería, porque ya no hay necesidad de depender de los vecinos inmediatos para tener vida social. Cada vez es más posible elegir nuestras compañías en función de la afinidad, y no en función de la mera proximidad. La felicidad es más fácil si uno se relaciona con personas de gustos y opiniones similares. Es de esperar que las relaciones sociales se desarrollen cada vez más en esta línea, y podemos confiar en que de este modo se reduzca poco a poco, hasta casi desaparecer, la soledad que ahora aflige a tantas personas no convencionales. Indudablemente, esto aumentará su felicidad, pero también está claro que reducirá el placer sádico que los convencionales experimentan ahora teniendo a los excéntricos a su merced. Sin embargo, no creo que éste sea un placer que deba interesarnos mucho preservar.

El miedo a la opinión pública, como cualquier otra modalidad de miedo, es opresivo y atrofia el desarrollo. Mientras este tipo de miedo siga teniendo fuerza, será difícil lograr nada verdaderamente importante, y será imposible adquirir esa libertad de espíritu en que consiste la verdadera felicidad, porque para ser feliz es imprescindible que nuestro modo de vida se base en nuestros propios impulsos íntimos y no en los gustos y deseos accidentales de los vecinos que nos ha deparado el azar, e incluso de nuestros familiares. No cabe duda de que el miedo a los vecinos inmediatos es mucho menor ahora que antes, pero ahora existe un nuevo tipo de miedo, el miedo a lo que pueda decir la prensa, que es tan terrorífico como todo lo relacionado con la caza de brujas medieval. Cuando los periódicos deciden convertir a una persona inofensiva en un chivo expiatorio, los resultados pueden ser terribles. Afortunadamente, la mayor parte de la gente se libra de este destino por tratarse de desconocidos, pero a medida que la publicidad va perfeccionando sus métodos, aumentará el peligro de esta nueva forma de persecución social. Es una cuestión demasiado grave para tratarla a la ligera cuando uno es la víctima; y se piense lo que se piense del noble principio de la libertad de prensa, yo creo que hay que trazar una línea más marcada que la que establecen las actuales leyes sobre difamación, y que habría que prohibir todo lo que haga la vida insoportable a individuos inocentes, aun en el caso de que hayan dicho o hecho cosas que, publicadas maliciosamente, puedan desprestigiarles. No obstante, el único remedio definitivo para este mal es una mayor tolerancia por parte del público. El mejor modo de aumentar la tolerancia consiste en multiplicar el número de individuos que gozan de auténtica felicidad y, por tanto, no obtienen su mayor placer infligiendo daño a sus prójimos.

SEGUNDA PARTE

CAUSAS DE LA FELICIDAD

10

¿ES TODAVÍA POSIBLE LA FELICIDAD?

Hasta ahora hemos hablado del hombre desdichado; nos toca ahora la más agradable tarea de considerar al hombre feliz. Las conversaciones y los libros de algunos de mis amigos casi me han hecho llegar a la conclusiónde que la felicidad en el mundo moderno es ya imposible. Sin embargo, he comprobado que esa opinión tiende a desintegrarse ante la introspección, los viajes al extranjero y las conversaciones con mi jardinero. Ya he comentado en un capítulo anterior la infelicidad de mis amigos literatos; en este capítulo me propongo pasar revista a la gente feliz que he conocido a lo largo de mi vida.

Existen dos clases de felicidad, aunque, naturalmente, hay grados intermedios. Las dos clases a las que me refiero podrían denominarse normal y de fantasía, o animal y espiritual,o del corazón y de la cabeza. La designación que elijamos entre estas alternativas depende, por supuesto, de la tesis que se pretenda demostrar. A mí, por el momento, no me interesa demostrar ninguna, sino simplemente describir. Posiblemente, el modo más sencillo de describir las diferencias entre las dos clases de felicidad es decir que una clase está al alcancede cualquier ser humano y la otra solo pueden alcanzarla los que saben leer y escribir. Cuando yo era niño, conocí a un hombre que reventaba de felicidad y cuyo trabajo consistía en cavar pozos. Era extraordinariamente alto y tenía una musculatura increíble; no sabía leer ni escribir, y cuando en 1885 tuvo que votar para el Parlamento se enteró por primera vez de que existía dicha institución. Su felicidad no dependía de fuentes intelectuales; no se basaba en la fe en la ley natural ni en la perfectibilidad de la especie, ni en la propiedad común de los medios de producción, ni en el triunfo definitivo de los adventistas del Séptimo Día, ni en ninguno de los otros credos que los intelectuales consideran necesarios para disfrutar de la vida. Se basaba en el vigor físico, en tener trabajo suficiente y en superar obstáculos no insuperables en forma de roca. La felicidad de mi jardinero es del mismo tipo; está empeñado en una guerra perpetua contra los conejos, de los que habla exactamente igual que Scotland Yard de los bolcheviques; los considera siniestros, intrigantes y feroces, y opina que solo se les puede hacer frente aplicando una astucia igual a la de ellos. Como los héroes del Valhalla, que se pasaban todos los días cazando a cierto jabalí al que mataban todas lasnoches, pero que volvía milagrosamente a la vida cada mañana, mi jardinero puede matar a su enemigo un día sin el menor temor a que el enemigo haya desaparecido al día siguiente. Aunque pasa con mucho de los setenta años, trabaja todoel día y recorre en bicicleta veinticinco kilómetros para ir y volver del trabajo, pero su fuente de alegría es inagotable y son «esos conejos» los que se la proporcionan.

Pero dirán ustedes que estos goces tan simples no están al alcance de personas superiores como nosotros. ¿Qué alegría podemos experimentar declarando la guerra a unos seres tan insignificantes como los conejos? Este argumento, en mi opinión, no es válido. Un conejo es mucho más grande que un bacilo de la fiebre amarilla, y, sin embargo, una persona superior puede encontrar la felicidad en la guerra contra este último. Hay placeres exactamente similares a los de mi jardinero, en lo referente a su contenido emocional, que están al alcancede las personas más cultivadas. La diferencia que establece la educación solo se nota en las actividades que permiten obtener dichos placeres. El placer de lograr algo requiere que haya dificultades que al principio hagan dudar del triunfo, aunque al final casi siempre se consiga. Ésta es, tal vez, la principal razón de que una confianza no excesiva en nuestras propias facultades sea una fuente de felicidad. Al hombre que se subestima le sorprenden siempre sus éxitos, mientras que al hombre que se sobreestima le sorprenden con igual frecuencia sus fracasos. La primera clase de sorpresa es agradable y la segunda desagradable. Por tanto, lo más prudente es no ser excesivamente engreído, pero tampoco demasiado modesto para ser emprendedor.

Entre los sectores más cultos de la sociedad, el más feliz en estos tiempos es el de los hombres de ciencia. Muchos de los más eminentes son muy simples en el plano emocional, y su trabajo les produce una satisfacción tan profunda que son capaces de encontrar placer en la comida e incluso en el matrimonio. Los artistas y los literatos consideran *de rigueur* ser desgraciados en sus matrimonios, pero los hombres de ciencia, con mucha frecuencia, siguen siendo capaces de gozar de la anticuada felicidad doméstica. La razón es que los componentes superiores de su inteligencia están totalmente absortos en el trabajo y no se les permite irrumpir en regiones en que no tienen ninguna función que realizar. En su trabajo son felices porque la ciencia del mundo moderno es progresista y poderosa, y porque nadie duda de su importancia, ni ellos ni los profanos. En consecuencia, no tienen necesidad de emociones complejas, ya que las emociones más simples no encuentran obstáculos. La complejidad emocional es como la espuma de un río. La producen los obstáculos que rompen el flujo uniforme de la corriente. Pero si las energías vitales no encuentran obstáculos, no se produce ni una ondulación en la superficie, y su fuerza pasa inadvertida al que no sea observador.

En la vida del hombre de ciencia se cumplen todas las condiciones de la felicidad. Ejerce una actividad que aprovecha al máximo sus facultades y consigue resultados que no solo le parecen importantes a él, sino también al público en general, aunque éste no entienda ni una palabra. En este aspecto es más afortunado que el artista. Cuando el público no entiende un cuadro o un poema, llega a la conclusión de que es un mal cuadro o un mal poema. Cuando no es capaz de entender la teoría de la relatividad, llega a la conclusión (acertada) de queno ha estudiado suficiente. La consecuencia es que Einstein es venerado mientras los mejores pintores se mueren de hambre en sus buhardillas, y Einstein es feliz mientras los pintores son desgraciados. Muy pocos hombres pueden ser auténticamente felices en una vida que conlleve una constante autoafirmación frente al escepticismo de las masas, a menos que puedan encerrarse en sus corrillos y se olviden del frío mundoexterior. El hombre de ciencia no tiene necesidad de corrillos,ya que todo el mundo tiene buena opinión de él excepto sus colegas. El artista, por el contrario, se encuentra en la penosa situación de tener que elegir entre ser despreciado o ser despreciable. Si su talento es de primera categoría, le pueden ocurrir una u otra de estas dos desgracias: la primera, si utiliza su talento; la segunda, si no lo utiliza. Esto no ha ocurrido siempre, ni en todas partes. Ha habido épocas en que hasta los buenos artistas, incluso siendo jóvenes, estaban bien considerados. Julio II, aunque a veces trataba mal a Miguel Ángel, nunca le consideró incapaz de pintar bien. Al millonario moderno, aunque arroje una lluvia de oro sobre artistas viejos que ya han perdido sus facultades, nunca se le pasa por la cabeza que el trabajo de éstos es tan importante como el suyo.Puede que estas circunstancias tengan algo que ver con el hecho de que los artistas sean, por regla general, menos felices que los hombres de ciencia.

Creo que hay que reconocer que los jóvenes más inteligentes de los países occidentales tienden a padecer esa clase de infelicidad que se deriva de no encontrar un trabajo adecuadopara su talento. Sin embargo, no es éste el caso en los países orientales. En la actualidad, los jóvenes inteligentes son, probablemente, más felices en Rusia que en ninguna otra parte del mundo. Allí tienen oportunidad de crear un mundo nuevo,y poseen una fe ardiente en que basar lo que crean. Los viejoshan sido asesinados o exiliados, o se mueren de hambre, o se los ha desinfectado de algún otro modo para que no puedan obligar a los jóvenes, como se hace en todo país occidental, a elegir entre hacer daño y no hacer nada. Al occidental sofisticado, la fe del joven ruso le puede parecer tosca, pero ¿qué sepuede decir en contra de ella? Es cierto que está creando un mundo nuevo; el nuevo mundo es de su agrado; casi con seguridad, el nuevo mundo, una vez creado, hará al ruso medio más feliz de lo que era antes de la Revolución. Tal vez no sea un mundo en que pueda ser feliz un sofisticado intelectual de Occidente, pero el sofisticado intelectual de Occidente notiene que vivir en él. Por tanto, según todos los criteriospragmáticos, la fe de la joven Rusia está justificada, y condenarla diciendo que es tosca carece de justificación, excepto enel plano teórico.

En India, China y Japón, las circunstancias exteriores de carácter político interfieren con la felicidad de la joven *intelligentsia*, pero no existen obstáculos internos como los que existen en Occidente. Hay actividades que a los jóvenes les parecen importantes, y si dichas actividades se hacen bien, losjóvenes son felices. Sienten que tienen que desempeñar un importante papel en la vida de la nación, y tienen objetivos que, aunque son difíciles, no son imposibles de llevar a cabo. El cinismo que tan frecuentemente observamos en los jóvenes occidentales con estudios superiores es el resultado de la combinación de la comodidad con la impotencia. La impotencia le hace a uno sentir que no vale la pena hacer nada, y lacomodidad hace soportable el dolor que causa esa sensación. En todo el Oriente, el estudiante universitario confía en poder influir en la opinión pública mucho más que sus equivalentes del Occidente moderno, pero tiene muchas menos posibilidades que estos de asegurarse unos ingresos elevados. Al no sentirse ni impotente ni acomodado, se convierte en un reformista o en un revolucionario, pero no en un cínico. La felicidad del reformista o del revolucionario depende del curso que tomen los asuntos públicos, pero lo más probable es que, incluso cuando le están ejecutando, goce de más felicidad realque el cínico acomodado. Me acuerdo de un joven chino que visitó mi escuela con la intención de fundar una similar enuna zona reaccionaria de China. Suponía que por ello le cortarían la cabeza, pero no obstante disfrutaba de una tranquila felicidad que yo no pude menos que envidiar.

Sin embargo, no pretendo insinuar que estas modalidades de felicidad de altos vuelos sean las únicas posibles. De hecho, solo son accesibles para una minoría, ya que requieren un tipode capacidad y una amplitud de intereses que no pueden ser muy comunes. No solo los científicos eminentes obtienenplacer de su trabajo, ni solo los grandes estadistas obtienen placer defendiendo una causa. El placer del trabajo está al alcance de cualquiera que pueda desarrollar una habilidadespecializada, siempre que obtenga satisfacción del ejercicio de su habilidad sin exigir el aplauso del mundo entero. Conocí a un hombre que había perdido el movimiento de ambas piernas siendo muy joven, y aun así vivió una larga vida de serena felicidad escribiendo una obra en cinco tomos sobrelas plagas de las rosas; según tengo entendido, era el principalexperto en este campo. No he tenido ocasión de conocer a muchos conchólogos, pero, a juzgar por los que he conocido, el estudio de las conchas produce grandes satisfacciones a quienes lo practican. Conocí a un hombre que era el mejor cajista del mundo, y siempre estaba solicitado por todos los que se dedicaban a inventar tipos artísticos; su satisfacción nose debía al genuino respeto que le tenían personas que no concedían fácilmente su respeto, sino al placer que le producía ejercer su oficio, un placer no muy diferente del que los buenos bailarines obtienen de la danza. También he conocido cajistas especializados en componer tipos matemáticos, escritura nestoriana, o cuneiforme, o cualquier otra cosa fuera de lo normal y difícil. No llegué a saber si aquellos hombreseran felices en su vida privada, pero en sus horas de trabajo sus instintos constructivos se veían plenamente gratificados.

Se oye decir con frecuencia que en esta época de maquinismo

hay menos oportunidades que antes para que el artesano se deleite en su trabajo especializado. No estoy nada seguro de que esto sea cierto; es verdad que en la actualidad el trabajador especializado trabaja en cosas muy diferentes de las que ocupaban la atención de los gremios medievales, pero sigue siendo muy importante e imprescindible en la economía maquinista. Hay personas que construyen instrumentos científicos y máquinas delicadas, hay diseñadores, mecánicos de aviación, conductores y otras muchas personas que tienen un oficio en el que pueden desarrollar una habilidad casi hasta sus últimos límites. Por lo que he podido observar, el trabajador agrícola y el campesino de las sociedades relativamente primitivas no son tan felices como un conductor o un maquinista. Es cierto que el trabajo del campesino que cultiva su propia tierra es variado: ara, siembra, cosecha. Pero está a merced de los elementos y es muy consciente de esta dependencia, mientras que el hombre que maneja un mecanismo moderno es consciente de su poder y llega a tener la sensación de que el hombre es el amo, no el esclavo, de las fuerzas naturales. Por supuesto, es cierto que no tiene nada de interesante el trabajo de la gran masa de obreros que se limitan a atender máquinas, repitiendo una y otra vez alguna operación mecánica con la menor variación posible. Pero cuanto menos interesante sea un trabajo, más probable es que acabe haciéndolo una máquina. El objetivo último de la producción maquinista —del que hay que decir que aún estamos muy lejos— es un sistema en el que las máquinas hagan todo lo que carezca de interés, reservando a los seres humanos para las tareas que suponen variedad e iniciativa. En un mundo así, el trabajo sería menos aburrido y menos deprimente que nunca desde la aparición de la agricultura. Al dedicarse a la agricultura, la humanidad decidió someterse a la monotonía y el tedio a cambio de disminuir el riesgo de morirse de hambre. Cuando los hombres obtenían su alimento mediante la caza, el trabajo era un gozo, como demuestra el hecho de que los ricos aún practiquen esta actividad ancestral por pura diversión. Pero con la introducción de la agricultura, la humanidad comenzó un largo período de mediocridad, miseria y locura, del que solo ahora empieza a liberarse gracias a la benéfica intervención de las máquinas. Queda muy bien que los sentimentales hablen del contacto con la tierra y de la madura sabiduría de los campesinos filósofos de Hardy; pero los jóvenes nacidos en el campo no piensan más que en encontrar trabajo en las ciudades para escapar de la opresión del vientoy la lluvia y cambiar la soledad de las oscuras noches de invierno por el ambiente humano y tranquilizador de la fábrica y el cine. La camaradería y la cooperación son elementos imprescindibles de la felicidad del hombre normal, y son mucho más fáciles de encontrar en la industria que en la agricultura.

Para un gran número de personas, creer en una causa es una fuente de felicidad. No estoy pensando solo en los revolucionarios, socialistas, nacionalistas de países oprimidos y similares; pienso también en otras muchas creencias de tipo más humilde. He conocido personas que creían que los ingleses eran las diez tribus perdidas de Israel, y casi invariablemente eran felices; y la felicidad no tenía límites para los que creían que los ingleses proceden solamente de las tribus de Efraím y Manasés. No estoy sugiriendo que el lector adopte estas creencias, ya que no puedo abogar por una felicidad basada en lo que a mí me parece una creencia falsa. Por la misma razón, me abstengo de recomendar al lector que crea que los humanos deberían alimentarse exclusivamente de frutos secos, aunque, según tengo observado, esta creencia garantiza invariablemente una felicidad perfecta. Pero es fácil encontraralguna causa que no sea tan fantástica, y los que sientan un interés auténtico por dicha causa habrán encontrado ocupación para su tiempo libre y un antídoto infalible contra la sensación de que la vida es algo vacío.

No muy diferente de la devoción a causas menores es dejarse

absorber por una afición. Uno de los matemáticos más eminentes de nuestra época reparte su tiempo a partes iguales entre las matemáticas y el coleccionismo de sellos. Supongo que los sellos le sirven de consuelo cuando no logra hacer progresos en matemáticas. La dificultad de demostrar proposiciones en teoría numérica no es la única tribulación que se puede curar coleccionando sellos, ni son los sellos lo único que se puede coleccionar. Qué vastos campos de éxtasis se abren a la imaginación cuando uno piensa en porcelana antigua, cajas de rapé, monedas romanas, puntas de flecha yutensilios de sílex. Claro que muchos de nosotros somos demasiado «superiores» para estos placeres sencillos. Todoshemos experimentado con ellos de chicos, pero por alguna razón los hemos juzgado indignos de un hombre hecho y derecho. Esto es un completo error; todo placer que no perjudique a otras personas tiene su valor. Yo, por ejemplo, colecciono ríos: me produce placer haber bajado por el Volga y subido por el Yangtsé, y lamento mucho no haber visto aún elAmazonas ni el Orinoco. Por simples que sean estas emociones, no me avergüenzo de ellas. Pensemos también en el gozoapasionado del aficionado al béisbol: lee los periódicos con avidez y se emociona oyendo la radio. Me acuerdo de cuando conocí a uno de los principales literatos de Estados Unidos, un hombre que, a juzgar por sus libros, yo suponía consumidopor la melancolía. Pero dio la casualidad de que en aquel momento la radio estaba informando de los resultados más importantes de la liga de béisbol; el hombre se olvidó de mí, de la literatura y de todas las demás penalidades de nuestra vida sublunar, y chilló de alegría porque había ganado su equipo. Desde aquel día, he podido leer sus libros sin sentirme deprimido por las desgracias que les ocurren a sus personajes.

Sin embargo, en muchos casos, tal vez en la mayoría, las aficiones no son una fuente de felicidad básica sino un medio de escapar de la realidad, de olvidar por el momento algún dolor demasiado difícil de afrontar. La felicidad básica depende sobre todo de lo que podríamos llamar un interés amistoso por las personas y las cosas.

El interés amistoso por las personas es una modalidad de afecto, pero no del tipo posesivo, que siempre busca una respuesta empática. Esta última modalidad es, con mucha frecuencia, una causa de infelicidad. La que contribuye a la felicidad es la de aquél a quien le gusta observar a la gente y encuentra placer en sus rasgos individuales, sin poner trabas a los intereses y placeres de las personas con que entra en contacto, y sin pretender adquirir poder sobre ellas ni ganarse su admiración entusiasta. La persona con este tipo de actitud hacia los demás será una fuente de felicidad y un recipiente de amabilidad recíproca. Su relación con los demás, sea ligera o profunda, satisfará sus intereses y sus afectos; no se amargará a causa de la ingratitud, ya que casi nunca la sufrirá, y, cuando la sufra, no lo notará. Las mismas idiosincrasias que a otro le pondrían nervioso hasta la exasperación serán para él una fuente de serena diversión. Obtendrá sin esfuerzo resultados que para otros serán inalcanzables por mucho que se esfuercen. Como es feliz por sí mismo, será una compañía agradable, y esto a su vez aumentará su felicidad. Pero todo esto tiene que ser auténtico; no debe basarse en el concepto de sacrificio inspirado por el sentido del deber. El sentido del deber es útil en el trabajo, pero ofensivo en las relaciones personales. La gente quiere gustar a los demás, no ser soportada con paciente resignación. El que te gusten muchas personas de manera espontánea y sin esfuerzo es, posiblemente, la mayor de todas las fuentes de felicidad personal.

En el párrafo anterior he mencionado también lo que yo llamo interés amistoso por las cosas. Puede que esta frase parezca forzada; se podría decir que es imposible sentir amistad por las cosas. No obstante, existe algo análogo a la amistad en el tipo de interés que un geólogo siente por las rocas o un arqueólogo por las ruinas, y este interés debería formar parte denuestra actitud hacia los individuos o las sociedades. Uno puede sentir por ciertas cosas un interés que no es amistoso sino hostil. Es posible que un hombre se dedique a reunir datos sobre los hábitats de las arañas porque odia a las arañas y querría vivir donde no las hubiera. Este tipo de interés no proporciona la misma satisfacción que el que obtiene el geólogo de sus rocas. El interés por cosas impersonales, aunque pueda tener menos valor como ingrediente de la felicidad cotidiana que la actitud amistosa hacia el prójimo, es, no obstante, muy importante. El mundo es muy grande y nuestras facultades son limitadas. Si toda nuestra felicidad depende exclusivamente de nuestras circunstancias personales, lo más probable es que le pidamos a la vida más de lo que puede darnos. Y pedir demasiado es el método más seguro de conseguir menos de lo que sería posible. La persona capaz de olvidar sus preocupaciones gracias a un interés genuino por, pongamos por ejemplo, el Concilio de Trento o el ciclo vital de las estrellas, descubrirá que al regresar de su excursión al mundo impersonal ha adquirido un aplomo y una calma que le permiten afrontar sus problemas de la mejor manera, y mientras tanto habrá experimentado una felicidad auténtica, aunque pasajera.

 El secreto de la felicidad es éste: que tus intereses sean lo más amplios posible y que tus reacciones a las cosas y personas que te interesan sean, en la medida de lo posible, amistosas y no hostiles.

 En los capítulos siguientes ampliaremos este examen preliminar de las posibilidades de felicidad, y propondremos maneras de escapar de las fuentes psicológicas de infelicidad.

11

ENTUSIASMO

En este capítulo me propongo hablar de lo que a mí me parece el rasgo más universal y distintivo de las personas felices: el entusiasmo.

Tal vez la mejor manera de comprender lo que se entiende por entusiasmo sea considerar los diferentes comportamientos de las personas cuando se sientan a comer. Para algunos, la comida no es más que un aburrimiento; por muy buena que esté, a ellos no les parece interesante. Han comido platos excelentes con anterioridad, posiblemente en casi todas las comidas de su vida. Jamás han sabido lo que es pasarse sin comer hasta que el hambre se convierte en una pasión turbulenta, y han llegado a considerar que las comidas son simples actos convencionales, dictados por las costumbres de la sociedad en que viven. Como cualquier otra cosa, las comidas pueden ser un fastidio, pero no sirve de nada quejarse de ello, porque todo lo demás será aún más fastidioso. Están también los inválidos que comen por puro sentido del deber, porque el médico les ha dicho que es necesario tomar un poco de alimento para conservar la energía. Tenemos, por otra parte, a los epicúreos, que empiezan muy animados y van descubriendo que nada está tan bien cocinado como debería. Otra categoría es la de los glotones, que se lanzan sobre la comida con voracidad, comen demasiado y se quedan hinchados y llenos de gases. Por último, están los que empiezan a comer con buen apetito, disfrutan de la comida y dejan de comer cuando consideran que ya han tenido bastante. Los que participan del banquete de la vida adoptan actitudes similares ante las cosas buenas que la vida les ofrece. El hombre feliz corresponde a nuestro último tipo de comensales. Lo que es el apetito en relación con la comida, es el entusiasmo en relación con la vida. El hombre al que le aburren las comidas es el equivalente de la víctima de infelicidad byroniana. El inválido que come por sentido del deber corresponde al ascético; el glotón equivale al voluptuoso. El epicúreo es ese tipo de persona tan fastidioso que condena la mitad de los placeres dela vida por motivos estéticos. Lo más curioso es que todos estos tipos, con la posible excepción del glotón, sienten desprecio por el hombre de apetito sano y se consideran superiores a él. Les parece una vulgaridad disfrutar de la comida porque se tiene hambre, o disfrutar de la vida porque esta ofrece toda una variedad de espectáculos interesantes y experiencias sorprendentes. Desde las alturas de su falta de ilusióncontemplan con desprecio a los que consideran almas simples. No siento ninguna simpatía por este punto de vista. Para mí, todo desencanto es una enfermedad que, desde luego,puede ser inevitable debido a las circunstancias, pero que, aunasí, cuando se presenta hay que curarla tan pronto como sea posible, y no considerarla como una forma superior de sabiduría. Supongamos que a una persona le gustan las fresas y a otra no; ¿en qué sentido es superior la segunda? No existe ninguna prueba abstracta e impersonal de que las fresas sean buenas ni de que sean malas. Para el que le gustan, son buenas; para el que no le gustan, no lo son. Pero el hombre al quele gustan las fresas tiene un placer que el otro no tiene; eneste aspecto, su vida es más agradable y está mejor adaptado al mundo en que ambos deben vivir. Y lo que es cierto en este sencillo ejemplo lo es también en cuestiones más importantes.En ese aspecto, el que disfruta viendo fútbol es superior al no aficionado. El que disfruta con la lectura es aún más superior que el que no, porque hay más oportunidades de leer que de ver fútbol. Cuantas más cosas le interesen a un hombre, más oportunidades de felicidad tendrá, y menos expuesto estará a los caprichos del destino, ya que si le falla una de las cosas siempre puede recurrir a otra. La vida es demasiado corta para que podamos interesarnos por todo, pero conviene interesarse en tantas cosas como sean necesarias para llenar nuestravida. Todos somos propensos a la enfermedad del introvertido, que al ver desplegarse ante él los múltiples espectáculos del mundo, desvía la mirada y solo se fija en su vacío interior.Pero no vayamos a imaginar que existe algo de grandeza en lainfelicidad del introvertido.

Érase una vez dos máquinas de hacer salchichas, exquisitamente construidas para la función de transformar un cerdo en las más deliciosas salchichas. Una de ellas conservó su entusiasmo por el cerdo y produjo innumerables salchichas; la otra dijo: «¿A mí qué me importa el cerdo? Mi propio mecanismo es mucho más interesante y maravilloso que cualquier cerdo». Rechazó el cerdo y se dedicó a estudiar su propio interior. Pero al quedar desprovisto de su alimento natural, su mecanismo dejó de funcionar, y cuanto más lo estudiaba, másvacío y estúpido le parecía. Toda la maquinaria de precisión que hasta entonces había llevado a cabo la deliciosa transformación quedó inmóvil, y la máquina era incapaz de adivinar para qué servía cada pieza. Esta segunda máquina de hacer salchichas es como el hombre que ha perdido el entusiasmo, mientras que la primera es como el hombre que lo conserva. La mente es una extraña máquina capaz de combinar de las maneras más asombrosas los materiales que se le ofrecen, pero sin materiales procedentes del mundo exterior se queda impotente; y a diferencia de la máquina de hacer salchichas, tiene que conseguirse ella misma los materiales, porque los sucesos solo se convierten en experiencias gracias al interés que ponemos en ellos. Si no nos interesan, no sacamos de ellos nada en limpio. Así pues, el hombre cuya atención se dirige hacia dentro no encuentra nada digno de su interés, mientras que el que dirige su atención hacia fuera puede encontrar en su interior, en esos raros momentos en que uno examina su alma, los ingredientes más variados e interesantes, desmontándose y recombinándose en patrones hermosos o instructivos.

El entusiasmo adopta innumerables formas. Recordemos, por

ejemplo, que Sherlock Holmes recogió un sombrero que encontró tirado en la calle. Tras mirarlo un momento, comentó que su propietario había venido a menos a causa de la bebida y que su mujer ya no le quería como antes. La vida jamás puede ser aburrida para un hombre al que los objetos triviales ofrecen tal abundancia de interés. Pensemos en las diferentes cosas que pueden llamarnos la atención durante un paseo por el campo. A uno le pueden interesar los pájaros, a otro la vegetación, a otro la agricultura, a otro la geología, etc. Cualquiera de estas cosas es interesante si a uno le interesa; y siendo iguales todas las demás condiciones, el hombre interesado en cualquiera de ellas está mejor adaptado al mundo queel no interesado.

Qué extraordinariamente diferentes son las actitudes de las distintas personas hacia su prójimo. Durante un largo viaje en tren, un hombre puede no fijarse en ninguno de sus compañeros de viaje, mientras que otro los tendrá a todos estudiados, habrá analizado el carácter de cada uno, habrá deducido sagazmente su situación en la vida, y puede que hasta haya averiguado asuntos secretísimos de varios de ellos. Las personas se diferencian tanto en lo que sienten por los demás como en lo que llegan a saber de ellos. Hay gente que casi todo lo encuentra aburrido; a otros no les cuesta nada desarrollar rápidamente sentimientos amistosos para con la gente que entra en contacto con ellos, a menos que exista una razón concreta para sentir de otro modo. Consideremos otra vez la cuestión del viaje: algunas personas viajan por muchos países, alojándose siempre en los mejores hoteles, comiendo exactamente la misma comida que comerían en su casa, encontrándose con los mismos ricos ociosos que se encontrarían en casa, hablando de los mismos tópicos de los que hablarían en el comedor de su casa. Cuando regresan, lo único que sienten es aliviopor haber acabado ya con el fastidio de los viajes caros. Otraspersonas, vayan donde vayan, ven lo característico de cada lugar, conocen a gente típica, observan todo lo que tenga interés histórico o social, comen la comida del país, aprenden sus costumbres y su idioma, y regresan a casa con un nuevo acopio de pensamientos agradables para las noches de invierno.

En todas estas diferentes situaciones, el hombre con entusiasmo por la vida tiene ventaja sobre el hombre sin entusiasmo. Incluso las experiencias desagradables le resultan útiles. Yo me alegro de haber olfateado una multitud china y una aldea siciliana, aunque no puedo decir que experimentara mucho placer en el momento. Los aventureros disfrutan con los naufragios, los motines, los terremotos, los incendios y toda clase de experiencias desagradables, siempre que no lleguen al extremo de perjudicar gravemente su salud. Si hay un terremoto, por ejemplo, se dicen: «Vaya, de modo que así son los terremotos», y les produce placer este nuevo añadido a su conocimiento del mundo. No sería cierto decir que estos hombres no están a merced del destino, porque si perdieran la salud lo más probable sería que perdieran también su entusiasmo, aunque esto no es seguro, ni mucho menos. He conocido hombres que murieron después de años de lenta agonía, y aun así conservaron su entusiasmo casi hasta el último momento. Algunas enfermedades destruyen el entusiasmo y otras no. Yo no sé si los bioquímicos son capaces de distinguir un tipo de otro. Puede que cuando la bioquímica haya avanzado más, podamos tomar pastillas que nos hagan sentir interés por todo, pero hasta que llegue ese día estaremos obligados a depender del sentido común para observar la vida y distinguir cuáles son las causas que permiten a algunas personas sentir interés por todo, mientras que a otras no les interesa nada.

A veces, el entusiasmo es general; otras veces, es especializado. De hecho, puede estar muy especializado. Los lectores de Borrow recordarán un personaje que aparece en *Romany Rye*. Ha perdido a su esposa, a la que adoraba, y durante algún tiempo siente que la vida ya no tiene ningún sentido. Pero empieza a interesarse por las inscripciones chinas de las teteras y las cajas de té y, con ayuda de un diccionario francés-chino, para lo cual tiene antes que aprender francés, se dedica a descifrarlas poco a poco, adquiriendo así un nuevo interés en la vida, aunque nunca llega a utilizar sus conocimientos de chino para otros propósitos. He conocido hombres que estaban completamente absortos en la tarea de aprenderlotodo sobre la herejía gnóstica, y otros cuyo principal interés consistía en cotejar los manuscritos de Hobbes con las primeras ediciones. Es totalmente imposible saber de antemano quéle va a interesar a un hombre, pero casi todos son capaces de interesarse mucho en una u otra cosa, y cuando se despierta ese interés la vida deja de ser tediosa. Sin embargo, las aficiones muy especializadas son una fuente de felicidad menos satisfactoria que el entusiasmo general por la vida, ya que difícilmente pueden llenar toda la vida de un hombre y siempre se corre el peligro de llegar a saber todo lo que se puede saber sobre el asunto concreto que uno ha convertido en su afición.

Hay que recordar que entre los diferentes tipos de comensales en el banquete incluíamos al glotón, al que no dedicábamos ningún elogio. El lector podría pensar que el hombre con entusiasmo al que tanto hemos elogiado no se diferencia del glotón en ningún aspecto definible. Ha llegado el momento de establecer distinciones más concretas entre los dos tipos.

Los antiguos, como todo el mundo sabe, consideraban que la moderación era una de las virtudes fundamentales. Bajo la influencia del Romanticismo y la Revolución francesa, este punto de vista fue rechazado por muchos, y las pasiones arrolladoras despertaban admiración aunque fueran, como las de los héroes de Byron, de tipo destructivo y antisocial. Sin embargo, está claro que los antiguos tenían razón. En la buena vida debe existir equilibrio entre las diferentes actividades, y ninguna de ellas debe llevarse tan lejos que haga imposibles las demás. El glotón sacrifica todos los demás placeres al de comer, y de este modo disminuye la felicidad total de su vida.Hay otras muchas pasiones, además de la gula, que pueden llegar a excesos similares. La emperatriz Josefina era una glotona en lo referente a la ropa. Al principio, Napoleón pagaba las facturas de su modista, aunque protestando cada vez más. Por fin, le dijo que tenía que aprender a moderarse y que en el futuro solo pagaría las facturas cuando la cantidad le pareciera razonable. Cuando llegó la siguiente factura del modista, Josefina no supo qué hacer al principio, pero finalmente se le ocurrió una estratagema. Se dirigió al ministro de la Guerra y le exigió que pagara la factura con fondos de guerra. Como el ministro sabía que ella podía hacer que le destituyeran, pagó la factura y, como consecuencia, los franceses perdieron Génova. Al menos, eso dicen algunos libros, aunque no puedo garantizar que la historia sea absolutamente verídica. Para nuestros propósitos da lo mismo que sea verdadera o exagerada, ya que sirve para demostrar hasta dónde puede llevar la pasión por la ropa a una mujer que tiene posibilidades de entregarse a ella. Los dipsómanos y las ninfómanas son ejemplos obvios de lo mismo. También es obvio el principio que hay que aplicar en estos casos. Todos nuestros gustos y deseos tienen que encajar en el marco general de la vida. Para que sean una fuente de felicidad tienen que ser compatibles con la salud, con el cariño de nuestros seres queridos y con el respeto de la sociedad en que vivimos. Algunas pasiones se pueden satisfacer casi en cualquier grado sin traspasar estos límites; otras, no. Supongamos que a un hombre le gusta el ajedrez; si es soltero y económicamente independiente, no tiene por qué reprimir su pasión en grado alguno, pero si tiene esposa e hijos y carece de medios económicos, tendrá que reprimirla considerablemente. El dipsómano y el glotón, aunque carezcan de ataduras sociales, actúan en contra de sus propios intereses, ya que su vicio perjudica la salud y les proporciona horas de sufrimiento a cambio de minutos de placer. Hay ciertas cosas que forman una estructura a la que deben adaptarse todas las pasiones si no queremos que se conviertan en una fuente de sufrimientos.

Dichas cosas son la salud, el dominio general de nuestras facultades, unos ingresos suficientes para cubrir las necesidades y los deberes sociales más básicos, como los que se refieren a la esposa y los hijos. El hombre que sacrifica estas cosas por el ajedrez es en realidad tan censurable como el dipsómano. Si no le condenamos tan severamente es solo porque es mucho menos corriente y porque hay que poseer facultades especiales para dejarse absorber por un juego tan intelectual. La fórmula griega de la moderación se aplica perfectamente a estos casos. Si a un hombre le gusta tanto el ajedrez que se pasa toda su jornada de trabajo anticipando la partida que jugará por la noche, es afortunado; pero si deja el trabajo para jugar todo el día al ajedrez, ha perdido la virtud de la moderación. Se dice que Tolstói, en sus años de locuras juveniles, ganó una medalla militarpor su valor en el campo de batalla, pero cuando llegó el momento de ser condecorado, estaba tan absorto en una partida de ajedrez que decidió no ir. No es que critiquemos la conducta de Tolstói, ya que probablemente le daba igual ganar condecoraciones militares o no, pero en un hombre de menos talento un acto similar habría sido una estupidez.

Existe una limitación a la doctrina que acabamos de exponer: hay que admitir que algunos comportamientos se consideran tan esencialmente nobles que justifican el sacrificio de todo lo demás. Al hombre que da la vida en defensa de su patria no se le censura, aunque su esposa y sus hijos queden en la miseria. Al que se dedica a realizar experimentos con vistas a un gran invento o descubrimiento científico no se le culpa de la pobreza en que ha mantenido a su familia, siempre que al final sus esfuerzos se vean coronados por el éxito. Sin embargo, si nunca llega a conseguir el invento o el descubrimiento que buscaba, la opinión pública le llamará chiflado, lo cual parece injusto, ya que en este tipo de empresas nunca se puede estar seguro del éxito. Durante el primer milenio de la era cristiana, se ensalzaba al hombre que abandonaba a su familiapara seguir una vida de santidad, mientras que ahora se le exigiría que dejara cubiertas sus necesidades.

Creo que siempre existe una profunda diferencia psicológica entre el glotón y el hombre de apetito sano. Los que se dejan dominar por un deseo a expensas de todos los demás suelen ser personas con algún problema interior, que intentan escapar de un espectro. En el caso del dipsómano, la cosa es evidente: bebe para olvidar. Si no hubiera espectros en su vida,la embriaguez no le resultaría más agradable que la sobriedad. Como decía el chino del chiste: «Mí no bebe por beber; mí bebe para emborracharse». Esto es típico de todas las pasiones excesivas y desproporcionadas. Lo que se busca no es placer en la cosa misma, sino el olvido. Sin embargo, una cosa es buscar el olvido de un modo embrutecedor y otra muy diferente buscarlo mediante el ejercicio de facultades positivas. El personaje de Borrow que aprendía chino para soportar la pérdida de su esposa también buscaba el olvido, pero lo buscaba mediante una actividad que no tenía efectos perjudiciales; al contrario, mejoraba su inteligencia y su cultura. No hay nada que decir contra estas formas de escape; pero es muy distinto el caso de quienes buscan el olvido en la bebida, el juego o algún otro tipo de excitación no beneficiosa. Es cierto que existen casos ambiguos: ¿qué diríamos del hombre que arriesga la vida haciendo locuras en un aeroplano o escalando montañas porque la vida se ha convertido para él en un fastidio? Si el riesgo sirve para algún fin público, podemos admirarle, pero si no, le clasificaremos muy poco por encima del jugador y el borracho.

El auténtico entusiasmo, no el que en realidad es una búsqueda del olvido, forma parte de la naturaleza humana, a menos que haya sido destruido por circunstancias adversas. A los niños les interesa todo lo que ven y oyen; el mundo está lleno de sorpresas para ellos, y siempre están fervientemente empeñados en la búsqueda de conocimientos; no de conocimiento escolástico, naturalmente, sino ese tipo de conocimiento que consiste en familiarizarse con los objetos que llaman la atención. Los animales conservan su entusiasmo incluso cuando son adultos, siempre que tengan salud. Un gato que entre en una habitación desconocida no se sentará hasta que haya olfateado todos los rincones, por si acaso hay olor a ratón en alguna parte. El hombre que no haya sufrido algún trauma grave mantendrá su interés natural por el mundo exterior; y mientras lo mantenga, la vida le resultará agradable a menos que le coarten excesivamente su libertad. La pérdida de entusiasmo en la sociedad civilizada se debe en gran parte a las restricciones a la libertad, necesarias para mantener nuestro modo de vida. El salvaje caza cuando tiene hambre, y al hacerlo obedece un impulso directo. El hombre que va a trabajar cada mañana a la misma hora actúa motivado fundamentalmente por el mismo impulso, la necesidad de asegurarse la subsistencia, pero en este caso el impulso no actúa directamente ni en el momento en que se siente, sino que actúa indirectamente, a través de abstracciones, creencias y voliciones. En el momento de salir camino del trabajo, el hombre no tiene hambre, ya que acaba de desayunar. Simplemente, sabe que el hambre volverá y que ir a trabajar es un medio de satisfacer el hambre futura. Los impulsos son irregulares, mientrasque los hábitos, en una sociedad civilizada, tienen que ser regulares. Entre los salvajes, hasta las empresas colectivas, cuando las hay, son espontáneas e impulsivas. Cuando la tribu va a la guerra, el tamtam despierta el ardor guerrero, y la excitación colectiva inspira a cada individuo para la actividad necesaria. Las empresas modernas no se pueden gestionar de este modo. Cuando un tren tiene que salir a cierta hora, es imposible inspirar a los mozos de equipajes, al maquinista yal encargado de las señales por medio de una música bárbara. Cada uno ha de hacer su tarea simplemente porque tiene que hacerla; es decir, su motivo es indirecto: no sienten ningún impulso que les empuje a la actividad, sino solo hacia la recompensa ulterior de dicha actividad. Gran parte de la vida social tiene el mismo defecto. Muchas personas hablan con otras, no porque deseen hacerlo, sino pensando en algún beneficio ulterior que esperan obtener de esa cooperación. A cada momento de su vida, el hombre civilizado se ve frenado por restricciones a los impulsos. Si se siente alegre no debe cantar y bailar en la calle, y si se siente triste no debe sentarseen la acera a llorar, porque obstruiría el tránsito de los viandantes. Cuando es niño, coartan su libertad en la escuela, y enla vida adulta se la coartan durante las horas de trabajo. Todo esto hace que sea más difícil mantener el entusiasmo, porque las continuas restricciones tienden a provocar fastidio y aburrimiento. No obstante, la sociedad civilizada es imposible sinun considerable grado de restricción de los impulsos espontáneos, ya que éstos solo dan lugar a las formas más simples de cooperación social, y no a las complejísimas formas que exige la organización económica moderna. Para superar estos obstáculos al entusiasmo, se necesita salud y energía en abundancia, o bien tener la buena suerte de trabajar en algo que sea interesante por sí mismo. La salud, a juzgar por las estadísticas, ha mejorado de manera constante en todos los países civilizados durante los últimos cien años, pero la energía es más difícil de medir, y dudo de que ahora se tenga tanto vigor físico en momentos de salud como se tenía en otros tiempos. El problema es, en gran medida, de tipo social, y como tal no es mi intención comentarlo en este libro. Sin embargo, el problema tiene un aspecto personal y psicológicoque ya hemos comentado al hablar de la fatiga. Algunas personas mantienen el entusiasmo a pesar de los impedimentos de la vida civilizada, y muchas más podrían hacerlo si se libraran de los conflictos psicológicos internos en que gastan una gran parte de su energía. El entusiasmo requiere más energía que la que se necesita para el trabajo, y para esto es necesario que la maquinaria psicológica funcione bien. En los próximos capítulos hablaremos más sobre la manera de facilitar su buen funcionamiento.

Entre las mujeres —ahora menos que antes, pero todavía en

muy gran medida—, se ha perdido mucho entusiasmo por culpa de un concepto erróneo de la respetabilidad. Estaba malvisto que las mujeres se interesaran abiertamente por los hombres y que se mostraran demasiado animadas en público. En su intento de aprender a no interesarse por los hombres, aprendían con mucha frecuencia a no interesarse por nada, exceptuando ciertas normas de comportamiento correcto. Evidentemente, inculcar una actitud de inactividad y apartamiento de la vida es inculcar algo muy perjudicial para el entusiasmo, lo mismo que fomentar cierto tipo de concentración en sí mismas, característico de muchas mujeres respetables, sobre todo si no han tenido mucha educación. No les interesan los deportes como suelen interesarles a los hombres, no les importa la política, su actitud hacia los hombres es de estirada frialdad, y su actitud hacia las mujeres de velada hostilidad, basada en la convicción de que las otras mujeres son menos respetables que ellas. Presumen de no necesitar a nadie; es decir, su falta de interés por los demás les parece una virtud. Por supuesto, no hay que culparlas de esto: lo único que hacen es aceptar la doctrina moral que ha estado vigente durante miles de años para las mujeres. Sin embargo, son víctimas, dignas de compasión, de un sistema represivo cuya iniquidad no han sido capaces de percibir. A estas mujeres les parece bien todo lo que es mezquino y les parece mal todo lo que es generoso. En su propio círculo social hacen todo lo posible por aguar las fiestas, en política son partidarias de las leyes represivas. Afortunadamente, este tipo es cada vez menos común, pero todavía predomina más de lo que creen los que viven en ambientes emancipados. Si alguien duda de lo que digo, le recomiendo que haga un recorrido por las casas de huéspedes, buscando alojamiento, y que tome nota de las patronas que encuentre durante su búsqueda. Verá que estas mujeres viven fieles a un concepto de la excelencia femenina que conlleva, como elemento imprescindible, la destrucción de todo entusiasmo por la vida, y que, como consecuencia, sus corazones y sus mentes se han atrofiado y desarrollado mal. Entre la excelencia masculina y la femenina bien entendidas no existe ninguna diferencia; en cualquier caso, ninguna de las diferencias que la tradición inculca. Tanto para las mujeres como para los hombres el entusiasmo es el secreto de la felicidad y del bienestar.

12

CARIÑO

Una de las principales causas de pérdida de entusiasmoes la sensación de que no nos quieren; y a la   inversa,el sentirse amado fomenta el entusiasmo más que ninguna otra cosa. Un hombre puede tener la sensación de queno le quieren por muy diversas razones. Puede que se considere una persona tan horrible que nadie podría amarle; puede que en su infancia haya tenido que acostumbrarse a recibir menos amor que otros niños; y puede tratarse, efectivamente, de una persona a la que nadie quiere. Pero en este último caso, la causa más probable es la falta de confianza en sí mismo, debido a una infancia desgraciada. El hombre que no se siente querido puede adoptar varias actitudes como consecuencia. Puede hacer esfuerzos desesperados para ganarse el afecto de los demás, probablemente mediante actos de excepcional amabilidad. Sin embargo, es muy probable que esto no le salga bien, porque los beneficiarios perciben fácilmente el motivo de tanta bondad, y es típico de la condición humana estar más dispuesta a conceder su afecto a quienes menos lo solicitan. Así pues, el hombre que se propone comprar afecto con actos benévolos queda desilusionado al comprobar la ingratitud humana. Nunca se le ocurre que el afecto que está intentando comprar tiene mucho más valor que los beneficios materiales que ofrece como pago; y, sin embargo, sus actos sebasan en esta convicción. Otro hombre, al darse cuenta de que no es amado, puede querer vengarse del mundo, provocando guerras y revoluciones o mojando su pluma en hiel, como Swift. Ésta es una reacción heroica a la desgracia, que requiere mucha fuerza de carácter, la suficiente para que un hombre se atreva a enfrentarse al resto del mundo. Pocos hombres son capaces de alcanzar tales alturas; la gran mayoría, tanto hombres como mujeres, cuando no se sienten queridos se hunden en una tímida desesperación, aliviada solo por ocasionales chispazos de envidia y malicia. Como regla general, estas personas viven muy reconcentradas en sí mismas, y la falta de afecto les da una sensación de inseguridad de la que procuran instintivamente escapar dejando que los hábitos dominen por completo sus vidas. Las personas que son esclavas de una rutina invariable suelen actuar así por miedo al frío mundo exterior, y porque sienten que no tropezarán con él si siguen exactamente el mismo camino por el que han andado todos los días.

Los que se enfrentan a la vida con sensación de seguridad son mucho más felices que los que la afrontan con sensación de inseguridad, siempre que esa sensación de seguridad nolos conduzca al desastre. Y en muchísimos casos, aunque no en todos, la misma sensación de seguridad les ayuda a escapar de peligros en los que otros sucumbirían. Si uno camina sobre un precipicio por una tabla estrecha, tendrá muchas más probabilidades de caerse si tiene miedo que si no lo tiene. Ylo mismo se aplica a nuestro comportamiento en la vida. Por supuesto, el hombre sin miedo puede toparse de pronto con el desastre, pero es probable que salga indemne de muchas situaciones difíciles, en las que un tímido lo pasaría muy mal. Como es natural, este tipo tan útil de confianza en uno mismo adopta innumerables formas. Unos se sienten confiados en las montañas, otros en el mar y otros en el aire. Pero la confianza general en uno mismo es consecuencia, sobre todo, de estar acostumbrado a recibir todo el afecto que uno necesita. Y de este hábito mental, considerado como una fuente de entusiasmo, es de lo que quiero hablar en el presente capítulo.

Lo que causa esta sensación de seguridad es el afecto recibido, no el afecto dado, aunque en la mayor parte de los casos suele ser un cariño recíproco. Hablando en términos estrictos, no es solo el afecto, sino la admiración, lo que produce estos resultados. Las personas que por profesión tienen que ganarse la admiración del público, como los actores, predicadores, oradores y políticos, dependen cada vez más del aplauso. Cuando reciben el ansiado premio de la aprobación pública, sus vidas se llenan de entusiasmo; cuando no lo reciben, viven descontentos y reconcentrados. La simpatía difusa de una multitud es para ellos lo que para otros el cariño concentrado de unos pocos. El niño cuyos padres le quieren acepta su cariño como una ley de la naturaleza. No piensa mucho en ello, aunque sea muy importante para su felicidad. Piensa en el mundo, en las aventuras que le van ocurriendo y en las aventuras aún más maravillosas que le ocurrirán cuando sea mayor. Pero detrás de todos estos intereses exteriores está la sensación de que el amor de sus padres le protegerá contra todo desastre. El niño al que, por alguna razón, le falta el amor paterno, tiene muchas posibilidades de volverse tímido y apocado, lleno de miedos y autocompasión, y ya no es capaz de enfrentarse al mundo con espíritu de alegre exploración. Estos niños pueden ponerse a meditar sorprendentemente prontosobre la vida, la muerte y el destino humano. Al principio, se vuelven introvertidos y melancólicos, pero a la larga buscan el consuelo irreal de algún sistema filosófico o teológico. El mundo es un lugar muy confuso que contiene cosas agradables y cosas desagradables mezcladas al azar. Y el deseo de encontrar una pauta o un sistema inteligible es, en el fondo, consecuencia del miedo; de hecho, es como una agorafobia o miedo a los espacios abiertos. Entre las cuatro paredes de su biblioteca, el estudiante tímido se siente a salvo. Si lograconvencerse de que el universo está igual de ordenado, se sentirá casi igual de seguro cuando tenga que aventurarse por las calles. Si estos hombres hubieran recibido más cariño tendrían menos miedo del mundo y no habrían tenido que inventar un mundo ideal para sustituir al real en sus mentes.

Sin embargo, no todo cariño tiene este efecto de animar a la aventura. El afecto que se da debe ser fuerte y no tímido, desear la excelencia del ser amado más que su seguridad, aunque, por supuesto, no sea indiferente a la seguridad. La madre o niñera timorata, que siempre está advirtiendo a los niños de los desastres que pueden ocurrirles, que piensa que todos los perros muerden y que todas las vacas son toros, puede infundirles aprensiones iguales a las suyas, haciéndolessentir que nunca estarán a salvo si se apartan de su lado. Auna madre exageradamente posesiva, esta sensación por partedel niño puede resultarle agradable: le interesa más que el niño dependa de ella que su capacidad para enfrentarse al mundo. En este caso, lo más probable es que a largo plazo al niño le vaya aún peor que si no le hubieran querido nada. Los hábitos mentales adquiridos en los primeros años tienden a persistir toda la vida. Muchas personas, cuando se enamoran, lo que buscan es un pequeño refugio contra el mundo, donde puedan estar seguras de ser admiradas aunque no sean admirables y elogiadas aunque no sean dignas de elogios. Para muchos hombres, el hogar es un refugio contra la verdad: lo que buscan es una compañera con la que puedan descansar desus miedos y aprensiones. Buscan en sus esposas lo que obtuvieron antes de una madre incompetente, y aun así se sorprenden si sus esposas les consideran niños grandes.

Definir el mejor tipo de cariño no es nada fácil, ya que, evidentemente, siempre habrá en él *algún* elemento protector. No somos indiferentes a los dolores de las personas que amamos. Sin embargo, creo que la aprensión o temor a la desgracia, que no hay que confundir con la simpatía cuando realmente ha ocurrido una desgracia, debe desempeñar el mínimo papel posible en el cariño. Tener miedo por otros es poco mejor que tener miedo por nosotros mismos. Y además, con mucha frecuencia es solo un camuflaje de los sentimientos posesivos. Al infundir temores en el otro se pretende adquirir un dominio más completo sobre él. Ésta, por supuesto, es una de las razones de que a los hombres les gusten las mujeres tímidas, ya que al protegerlas sienten que las poseen. La cantidad de solicitud que una persona puede recibir sin salir dañada depende de su carácter: una persona fuerte y aventurera puede aguantar bastante sin salir perjudicada, pero a una persona tímida le conviene esperar poco en este aspecto.

El afecto recibido cumple una función doble. Hasta ahora hemos hablado del tema en relación con la seguridad, pero en la vida adulta tiene un propósito biológico aún más importante: la procreación. Ser incapaz de inspirar amor sexual es una grave desgracia para cualquier hombre o mujer, ya que les priva de las mayores alegrías que puede ofrecer la vida. Es casi seguro que, tarde o temprano, esta privación destruya el entusiasmo y conduzca a la introversión. Sin embargo, lo másfrecuente es que una niñez desgraciada genere defectos de carácter que dejan incapacitado para inspirar amor más adelante. Seguramente, esto afecta más a los hombres que a las mujeres, ya que, en general, las mujeres tienden a amar a los hombres por su carácter mientras que los hombres tienden a amar a las mujeres por su apariencia. Hay que decir que, en este aspecto, los hombres se muestran inferiores a las mujeres, ya que las cualidades que los hombres encuentran agradables en las mujeres son, en conjunto, menos deseables que las que las mujeres encuentran agradables en los hombres.Sin embargo, no estoy seguro de que sea más fácil adquirir buen carácter que adquirir buen aspecto; en cualquier caso, las medidas necesarias para lograr esto último son más conocidas, y las mujeres se esfuerzan más en ello que los hombres en formarse un buen carácter.

Hasta ahora hemos hablado del cariño que recibe una persona. Ahora me propongo hablar del cariño que una persona da. También hay dos tipos diferentes: uno es, posiblemente, la manifestación más importante del entusiasmo por la vida, mientras que el otro es una manifestación de miedo. El primero me parece completamente admirable, mientras que el segundo es, en el mejor de los casos, un simple consuelo. Si vamos en un barco en un día espléndido, bordeando una costamuy hermosa, admiramos la costa y ello nos produce placer. Este placer se deriva totalmente de mirar hacia fuera y no tiene nada que ver con ninguna necesidad desesperada nuestra. En cambio, si el barco naufraga y tenemos que nadar hacia la costa, ésta nos inspira un nuevo tipo de amor: representa la seguridad contra las olas, y su belleza o fealdad dejan de ser importantes. El mejor tipo de afecto es equivalente a la sensación del hombre cuyo barco está seguro; el menos buenocorresponde a la del náufrago que nada. El primero de estos tipos de afecto solo es posible cuando uno se siente seguro o indiferente a los peligros que le acechan; el segundo tipo, en cambio, está causado por la sensación de inseguridad. La sensación generada por la inseguridad es mucho más subjetiva y egocéntrica que la otra, ya que se valora a la persona amada por los servicios prestados y no por sus cualidades intrínsecas. Sin embargo, no pretendo decir que este tipo de afecto nodesempeñe un papel legítimo en la vida. De hecho, casi todo afecto real combina algo de los dos tipos, y si el afecto cura realmente la sensación de inseguridad, el hombre queda libre para sentir de nuevo ese interés por el mundo que se apaga en los momentos de peligro y miedo. Pero, aun reconociendo el papel que este tipo de afecto desempeña en la vida, seguimos sosteniendo que no es tan bueno como el otro tipo, porque depende del miedo y el miedo es malo, y también porque es más egocéntrico. El mejor tipo de afecto hace que el hombre espere una nueva felicidad, y no escapar de una antigua infelicidad.

El mejor tipo de afecto es recíprocamente vitalizador; cada uno recibe cariño con alegría y lo da sin esfuerzo, y los dos encuentran más interesante el mundo como consecuencia de esta felicidad recíproca. Existe, sin embargo, otra modalidad que no es nada rara, en la que una persona le chupa la vitalidad a la otra; uno recibe lo que el otro da, pero a cambio no da casi nada. Algunas personas muy vitales pertenecen a este tipo vampírico. Extraen la vitalidad de una víctima tras otra, pero mientras ellos prosperan y se hacen cada vez más interesantes, las personas de las que viven se van quedando apagadas y tristes. Esta gente utiliza a los demás para sus propios fines, y nunca les consideran como un fin en sí mismos. En realidad, no les interesan las personas a las que creen que aman en cada momento; solo les interesa el estímulo para sus propias actividades, que pueden ser de tipo muy impersonal. Evidentemente, esto se debe a algún defecto de carácter, pero no es fácil diagnosticarlo ni curarlo. Es una característica que suele estar asociada con una gran ambición, y yo diría que se basa en una opinión exageradamente unilateral de lo que constituye la felicidad humana. El afecto, en el sentido de auténtico interés recíproco de dos personas, una por la otra, y no solo como un medio para que cada uno obtenga beneficios sino como una combinación con vistas al bien común, es uno de los elementos más importantes de la auténtica felicidad, y el hombre cuyo ego está tan encerrado entre muros de acero que le resulta imposible expandirse de este modo se pierde lo mejor que la vida puede ofrecer, por muchos éxitos que logre en su carrera. La ambición que no incluye el afecto en sus planes suele ser consecuencia de algún tipo de resentimientou odio a la raza humana, provocado por una infancia desgraciada, por injusticias sufridas posteriormente o por cualquiera de las causas que conducen a la manía persecutoria. Un ego demasiado fuerte es una prisión de la que el hombre debe escapar si quiere disfrutar plenamente del mundo. La capacidad de sentir auténtico cariño es una de las señales de que uno ha escapado de esta cárcel del ego. Recibir cariño no basta; el cariño que se recibe debe liberar el cariño que hay que dar, y solo cuando ambos existen en igual medida se hacen realidad sus mejores posibilidades.

Los obstáculos psicológicos y sociales que impiden el florecimiento del cariño recíproco son un grave mal que el mundo ha padecido siempre y sigue padeciendo. A la gente le cuesta trabajo conceder su admiración, por miedo a equivocarse; y lecuesta trabajo dar amor, por miedo a que les haga sufrir la persona amada o un mundo hostil. Se fomenta la cautela, tanto en nombre de la moral como en nombre de la sabiduría mundana, y el resultado es que se procura evitar la generosidad y el espíritu aventurero en cuestiones afectivas. Todo estotiende a producir timidez e ira contra la humanidad, ya que mucha gente queda privada durante toda su vida de una necesidad fundamental, que para nueve de cada diez personas es una condición indispensable para ser feliz y tener una actitud abierta hacia el mundo. No hay que suponer que las personas consideradas inmorales sean superiores a las demás en este aspecto. En las relaciones sexuales casi nunca hay nada que pueda llamarse auténtico cariño; muchas veces hay incluso una hostilidad básica. Cada uno trata de no entregarse, intenta mantener su soledad fundamental, pretende mantenerse intacto, y, por tanto, no fructifica. Estas experiencias no tienen ningún valor fundamental. No digo que deban evitarse estrictamente, ya que las medidas que habría que adoptar para ello interferirían también con las ocasiones en que podría crecer un cariño más valioso y profundo. Pero sí digo que las únicas relaciones sexuales que tienen auténtico valor son aquéllas en que no hay reticencias, en que las personalidades de ambos se funden en una nueva personalidad colectiva. Entre todas las formas de cautela, la cautela en el amor es, posiblemente, la más letal para la auténtica felicidad.

13

LA FAMILIA

De todas las instituciones que hemos heredado del pasado, ninguna está en la actualidad tan desorganizada y mal encaminada como la familia. El amor de los padres a los hijos y de los hijos a los padres puede ser una de las principales fuentes de felicidad, pero lo cierto es que en estos tiempos las relaciones entre padres e hijos son, en el 90 por ciento de los casos, una fuente de infelicidad para ambas partes, y en el 99 por ciento de los casos son una fuente de infelicidad para al menos una de las dos partes. Este fracaso de la familia, que ya no proporciona la satisfacción fundamental que en principio podría proporcionar, es una de las causas más profundas del descontento predominante en nuestra época. El adulto que desea tener una relación feliz con sus hijos o proporcionarles una vida feliz debe reflexionar a fondo sobre la paternidad; y después de reflexionar, debe actuar con inteligencia. El tema de la familia es demasiado amplio para tratarlo en este libro, excepto en relación con nuestro problema particular, que es la conquista de la felicidad. E incluso en relación con este problema, solo podemos hablar de mejoras que estén al alcance de cada individuo, sin tener que alterar la estructura social.

Por supuesto, ésta es una grave limitación, porque las causas de infelicidad familiar en nuestros tiempos son de tipos muy diversos: psicológicas, económicas, sociales, de educación y políticas. En los sectores más acomodados de la sociedad, dos causas se han combinado para hacer que las mujeres consideren la maternidad como una carga mucho más pesada que lo que era en tiempos pasados. Estas dos causas son: por una parte, el acceso de las mujeres solteras al trabajo profesional; y por otra parte, la decadencia del servicio doméstico. En los viejos tiempos, las mujeres se veían empujadas al matrimonio para huir de las insoportables condiciones de vida de las solteronas. La solterona tenía que vivir en casa, dependiendo económicamente, primero del padre y después de algún hermano mal dispuesto. No tenía nada que hacer para ocupar sus días y carecía de libertad para pasarlo bien fuera de las paredes protectoras de la mansión familiar. No tenía oportunidad ni inclinación hacia las aventuras sexuales, que consideraba una abominación excepto en el seno del matrimonio. Si, a pesar de todas las salvaguardas, perdía su virtud a causa de los engaños de algún astuto seductor, su situación se hacía lamentable en extremo. Está descrita con mucha exactitud en *El vicario de Wakefield*:

La única solución para ocultar su culpa,

para esconder su vergüenza de todas las miradas,para conseguir el arrepentimiento de su amante

y arrancarle su cariño es… la muerte.

La soltera moderna no considera necesario morir en estas circunstancias. Si ha tenido una buena educación, no le resulta difícil vivir con desahogo, y así no necesita la aprobación de los padres. Desde que los padres han perdido el poder económico sobre sus hijas, se abstienen mucho más de expresar su desaprobación moral de lo que éstas hacen; no tiene mucho sentido regañar a una persona que no se va a quedar a que la regañen. De este modo, la joven soltera que tiene una profesión puede ya, si su inteligencia y su atractivo no están por debajo de la media, disfrutar de una vida agradable en todos los aspectos, con tal de que no ceda al deseo de tener hijos. Pero si se deja vencer por este deseo, se verá obligada a casarse y casi con seguridad perderá su empleo. Y entonces descenderá a un nivel de vida mucho más bajo que aquél al que estaba acostumbrada, porque lo más probable es que el marido no gane más de lo que ganaba ella antes, y con eso hay que mantener a toda una familia en lugar de a una mujer sola. Después de haber gozado de independencia, le resulta humillante tener que mirar hasta el último céntimo en los gastos necesarios. Por todas estas razones, a estas mujeres les cuesta decidirse a ser madres.

La que, a pesar de todo, da el paso, tiene que afrontar un nuevo y abrumador problema que no tenían las mujeres de anteriores generaciones: la escasez y mala calidad del servicio doméstico. Como consecuencia, queda atada a su casa, obligada a realizar mil tareas triviales, indignas de sus aptitudes y su formación; y si no las hace ella misma, se amarga el carácter riñendo a criadas negligentes. En lo referente al cuidado físico de los hijos, si se ha tomado la molestia de informarse bien del asunto, decidirá que es imposible, sin grave riesgo de desastre, confiar los niños a una niñera o incluso dejar en manos de otros las más elementales precauciones en cuestión de limpieza e higiene, a menos que pueda permitirse pagar a una niñera que haya estudiado en alguna institución cara. Abrumada por una masa de detalles insignificantes, tendrá mucha suerte si no pierde pronto todo su encanto y tres cuartas partes de su inteligencia. Muy a menudo, por el mero hecho de estar realizando tareas necesarias, estas mujeres se convierten en un fastidio para sus maridos y una molestia para sus hijos. Cuando llega la noche y el marido vuelve del trabajo, la mujer que habla de sus problemas domésticos resulta aburrida, y la que no habla parece distraída. En relación con los hijos, los sacrificios que tuvo que hacer para tenerlos están tan presentes en su mente que es casi seguro que exija una recompensa mayor de la que sería lógico esperar; y el constante hábito de atender a detalles triviales la volverá quisquillosa y mezquina.

Ésta es la más perniciosa de todas las injusticias que tiene que sufrir: que precisamente por cumplir con su deber para con su familia pierde el cariño de ésta, mientras que si no se hubiera preocupado por ellos y hubiera seguido siendo alegre y encantadora, probablemente la seguirían queriendo[3].

 Estos problemas son básicamente económicos, lo mismo que otro que es casi igual de grave. Me refiero a las dificultades para encontrar vivienda, a consecuencia de la concentración de población en las grandes ciudades. En la Edad Media, las ciudades eran tan rurales como lo es ahora el campo. Los niños aún cantan la canción infantil que dice:

> *En el campanario de San Pablo crece un*
> *árboltodo cargado de manzanas.*
>
> *Los niños de Londres vienen*
> *corriendocon palos para tirarlas.*
>
> *Y corren de seto en seto*
>
> *hasta llegar al puente de Londres.*

El campanario ha desaparecido, y no sé cuándo desaparecieron los setos que había entre San Pablo y el puente de Londres. Han pasado muchos siglos desde que los niños de Londres podían gozar de las diversiones que describe la canción, pero hasta hace poco la gran masa de la población vivía en el campo. Los pueblos no eran muy grandes, era fácil salir de ellos y no era nada raro que muchas casas tuvieran huertos. En la Inglaterra actual, la preponderancia de la población urbana sobre la rural es absoluta.

---

[3] Este problema, tal como afecta a las clases profesionales, está tratado con gran penetración y capacidad constructiva en *The Retreat from Parenthood*, de Jean Ayling.

En Estados Unidos esta preponderancia no es aún tan grande, pero va aumentando con rapidez. Ciudades como Londres y Nueva York son tan grandes que se tarda mucho tiempo en salir de ellas. Los que viven en la ciudad suelen tener que conformarse con un piso que, por supuesto, no tiene ni un centímetro cuadrado de tierra al lado, y la gente con pocos medios económicos tiene que conformarse con un espacio mínimo. Si hay niños, la vida en un piso es dura. No hay espacio para que los niños jueguen, ni hay espacio para que los padres escapen del ruido que hacen los niños. Como consecuencia, los profesionales tienden cada vez más a vivir en los suburbios. Indudablemente, estoes mejor desde el punto de vista de los niños, pero aumenta considerablemente la fatiga del padre y disminuye mucho su participación en la vida familiar.

Sin embargo, no es mi intención comentar estos graves problemas económicos, ya que son ajenos al problema que nos interesa: qué puede hacer el individuo aquí y ahora para encontrar la felicidad. Nos aproximaremos más a este problema si consideramos las dificultades psicológicas que existen actualmente en las relaciones entre padres e hijos. Dichas dificultades forman parte de los problemas planteados por la democracia. En los viejos tiempos, había señores y esclavos; los señores decidían lo que había que hacer, y en general apreciaban a sus esclavos ya que éstos se ocupaban de su felicidad. Es probable que los esclavos odiaran a sus amos, aunque esto no era, ni mucho menos, tan universal como la teoría democrática quiere hacernos creer. Pero aunque odiaran a sus señores, los señores ni se enteraban, y en todo caso los señores eran felices. Todo esto cambió con la aceptación general de la democracia: los esclavos que antes se resignaban dejaron de resignarse; los señores que antes no tenían ninguna duda acerca de sus derechos empezaron a dudar y a sentirse inseguros. Se produjeron fricciones que ocasionaron infelicidad en ambas partes. Todo esto que digo no debe entenderse como un argumento contra la democracia, porque problemas como los mencionados son siempre inevitables en toda transición importante. Pero no tiene sentido negar el hecho de que el mundo se vuelve muy incómodo durante las transiciones.

El cambio en las relaciones entre padres e hijos es un ejemplo particular de la expansión general de la democracia. Los padres ya no están seguros de sus derechos frente a sus hijos; los hijos ya no sienten que deban respeto a sus padres. La virtud de la obediencia, que antes se exigía sin discusión, está pasada de moda, y es justo que así sea. El psicoanálisis ha aterrorizado a los padres cultos, que temen hacer daño a sus hijos sin querer. Si los besan, pueden generar un complejo de Edipo; si no los besan, pueden provocar ataques de celos. Si ordenan a los hijos hacer ciertas cosas, pueden inculcarles un sentimiento de pecado; si no lo hacen, los niños pueden adquirir hábitos que los padres consideran indeseables. Cuando ven a su bebé chupándose el pulgar, sacan toda clase de aterradoras inferencias, pero no saben qué hacer para impedírselo. La paternidad, que antes era un triunfal ejercicio de poder, se ha vuelto timorata, ansiosa y llena de dudas de conciencia. Se han perdido los sencillos placeres del pasado, y eso ha ocurrido precisamente en un momento en que, debido a la nueva libertad de las mujeres solteras, la madre ha tenido que sacrificar mucho más que antes al decidirse a ser madre. En estas circunstancias, las madres conscientes exigen muy poco a sus hijos, y las madres inconscientes les exigen demasiado. Las madres conscientes reprimen su cariño natural y se vuelven tímidas; las inconscientes buscan en sus hijos una compensación por los placeres a los que han tenido que renunciar. En el primer caso, la parte afectiva del niño queda desatendida; en el segundo, recibe una estimulación excesiva. En ninguno de los dos casos queda nada de aquella felicidad simple y natural que la familia puede proporcionar cuando funciona bien.

En vista de todos estos problemas, ¿es de extrañar que disminuya la tasa de natalidad? El descenso de la tasa de natalidad en la población en general ha alcanzado un punto que índica que la población empezará pronto a decrecer, pero entre las clases acomodadas este punto se superó hace mucho, no solo en un país, sino en prácticamente todos los países más civilizados. No existen muchas estadísticas sobre la tasa de natalidad en la clase acomodada, pero podemos citar dos datos incluidos en el libro de Jean Ayling antes mencionado. Parece que en Estocolmo, entre los años 1919 y 1922, la fecundidad de las mujeres profesionales era solo un tercio de la de la población general, y que entre 1896 y 1913, los cuatro mil licenciados de la Universidad estadounidense de Wellesley solo tuvieron unos tres mil hijos, cuando para evitar un descenso de la población tendrían que haber tenido ocho mil, y que ninguno de ellos hubiera muerto prematuramente. No cabe duda de que la civilización creada por las razas blancas tiene esta curiosa característica: a medida que los hombres y las mujeres la adoptan, se vuelven estériles. Los más civilizados son los más estériles; los menos civilizados son los más fértiles; y entre los dos hay una gradación continua. En la actualidad, los sectores más inteligentes de las naciones occidentales se están extinguiendo. Dentro de pocos años, las naciones occidentales en conjunto verán disminuir sus poblaciones, a menos que las repongan con inmigrantes de zonas menos civilizadas. Y en cuanto los inmigrantes absorban la civilización de su país adoptivo, también ellos se volverán relativamente estériles. Está claro que una civilización con esta característica es inestable; si no se la puede inducir a reproducirse, tarde o temprano se extinguirá y dejará sitio a otracivilización en que el instinto de paternidad haya conservado la fuerza suficiente para impedir que la población disminuya.

En todos los países occidentales, los moralistas oficiales han procurado resolver este problema mediante exhortaciones y sentimentalismos. Por una parte dicen que el deber de toda pareja casada es tener tantos hijos como Dios quiera, independientemente de las expectativas de salud y felicidad que dichos hijos puedan tener. Por otra parte, los predicadores varones no paran de hablar de los sagrados gozos de la maternidad, tratando de hacer creer que una familia numerosa llena de niños enfermos y pobres es una fuente de felicidad.El Estado contribuye con el argumento de que se necesita una cantidad suficiente de carne de cañón, porque ¿cómo van a funcionar como es debido todas estas exquisitas e ingeniosas armas de destrucción, si no hay suficientes poblaciones para destruir? Por extraño que parezca, el padre individual puede llegar a aceptar estos argumentos aplicados a los demás, pero sigue haciendo oídos sordos cuando se trata de aplicárselos a él. La psicología de los sacerdotes y los patriotas ha fracasado. Los curas pueden tener éxito mientras puedan amenazar con el fuego del infierno y les hagan caso, pero ya solo una minoría de la población se toma en serio esta amenaza. Y ninguna amenaza de este tipo es capaz de controlar la conducta en un asunto tan privado. En cuanto al Estado, su argumento es simplemente demasiado feroz. Puede haber quienes estén de acuerdo en que otros deban proporcionar carne de cañón, pero no les atrae la posibilidad de que se utilice a sus hijos de ese modo. Así pues, lo único que puede hacer el Estado es procurar mantener a los pobres en la ignorancia, un esfuerzo que, como demuestran las estadísticas, está fracasando visiblemente excepto en los países occidentales más atrasados. Muy pocos hombres y mujeres tendrán hijos movidos por su sentido del deber social, aunque estuviera claroque existe dicho deber social, que no lo está. Cuando los hombres y las mujeres tienen hijos, lo hacen porque creen quelos hijos contribuirán a su felicidad o porque no saben cómo evitarlo. Esta última razón todavía influye mucho, aunque su influencia va disminuyendo rápidamente. Y no hay nada que el Estado y las Iglesias puedan hacer para evitar que esta tendencia continúe. Por tanto, si se quiere que las razas blancas sobrevivan, es necesario que la paternidad vuelva a ser capaz de hacer felices a los padres.

Si consideramos la condición humana prescindiendo de las circunstancias actuales, creo que está claro que la paternidad es psicológicamente capaz de proporcionar la mayor y más duradera felicidad que se puede encontrar en la vida. Sin duda, esto se aplica más a las mujeres que a los hombres, pero también se aplica a los hombres mucho más de lo que tiendena creer casi todos los modernos. Es algo que se da por supuesto en casi toda la literatura anterior a nuestra época. Hécubase preocupa más de sus hijos que de Príamo; MacDuff quiere más a sus hijos que a su esposa. En el Antiguo Testamento, hombres y mujeres desean fervientemente dejar descendencia; en China y Japón esta actitud ha persistido hasta nuestros días. Se dirá que este deseo se debe al culto a los antepasados,pero yo creo que ocurre precisamente lo contrario: que el culto a los antepasados es un reflejo del interés que se pone en la persistencia de la familia. Volviendo a las mujeres profesionales de las que hablábamos hace poco, está claro que el instinto de tener hijos debe de ser muy fuerte, pues de lo contrario ninguna de ellas haría los sacrificios que son necesarios para satisfacerlo. En mi caso personal, la paternidad me ha proporcionado una felicidad mayor que ninguna otra de las que he experimentado. Creo que cuando las circunstancias obligan a hombres o mujeres a renunciar a esta felicidad, les queda una necesidad muy profunda sin satisfacer, y esto provoca una sensación de descontento e indiferencia cuya causa puede permanecer totalmente desconocida. Para ser feliz en este mundo, sobre todo cuando la juventud ya ha pasado, es necesario sentir que uno no es solo un individuo aislado cuya vida terminará pronto, sino que forma parte del río de la vida, que fluye desde la primera célula hasta el remoto y desconocido futuro. Como sentimiento consciente, expresado en términos rigurosos, está claro que esto conlleva una visión del mundo intelectual e hipercivilizada; pero como vaga emoción instintiva es algo primitivo y natural, y lo hipercivilizado es no sentirla. Un hombre capaz de grandes logros, tan notables que dejen huella en épocas futuras, puede satisfacer esta tendencia por medio de su trabajo, pero para los hombres y mujeres que carezcan de dotes excepcionales, el único modo de lograrlo es tener hijos. Los que han dejado que se atrofien sus impulsos procreativos se han separado del río de la vida, y al hacerlo corren grave peligro de desecarse. Para ellos, a menos que sean excepcionalmente impersonales, con la muerte se acaba todo. El mundo que habrá después de ellos no les interesa y por eso les parece que todo lo que hagan es trivial y sin importancia. Para el hombre o la mujer que tiene hijos y nietos y los quiere con cariño natural, el futuro es importante, por lo menos hasta donde duren sus vidas, no solo por motivos morales o por un esfuerzo de la imaginación, sino de un modo natural e instintivo. Y el hombre que ha podido extender tanto sus intereses, más allá de su vida personal, casi seguro que puede extenderlos aún más. Como a Abraham, le producirá satisfacción pensar que sus descendientes heredarán la tierra prometida, aunque esto tarde muchas generaciones en ocurrir. Y gracias a estos sentimientos, se salva de la sensación de futilidad que de otro modo apagaría todas sus emociones.

La base de la familia es, por supuesto, el hecho de que los padres sienten un tipo especial de cariño por sus hijos, diferente del que sienten entre ellos y del que sienten por otros niños. Es cierto que algunos padres tienen muy poco o ningún amor paterno, y también es cierto que algunas mujeres son capaces de querer a los niños ajenos casi tanto como quiera na los suyos propios. No obstante, sigue en pie el hecho general de que el amor de los padres es un tipo especial de sentimiento que el ser humano normal experimenta hacia sus propios hijos, pero no hacia ningún otro ser humano. Esta emoción la hemos heredado de nuestros antepasados animales. Eneste aspecto, me parece que la visión de Freud no era suficientemente biológica, pues cualquiera que observe a unamadre animal con sus crías puede advertir que su comportamiento para con ellas sigue una pauta totalmente diferente de la de su comportamiento para con el macho con el que tiene relaciones sexuales. Y esta misma pauta diferente e instintiva,aunque en una forma modificada y menos definida, se da también en los seres humanos. Si no fuera por esta emoción especial, no habría mucho que decir sobre la familia como institución, ya que se podría dejar a los niños al cuidado de profesionales. Pero, tal como son las cosas, el amor especial que los padres sienten por sus hijos, siempre que sus instintos no estén atrofiados, tiene un gran valor para los padres mismos y para los hijos. Para los hijos, el valor del amor de los padres consiste principalmente en que es más seguro que cualquier otro afecto. Uno gusta a sus amigos por sus méritos,y a sus amantes por sus encantos; si los méritos o los encantos disminuyen, los amigos y los amantes pueden desaparecer. Pero es precisamente en los momentos de desgracia cuando más se puede confiar en los padres: en tiempos de enfermedad e incluso de vergüenza, si los padres son como deben ser. Todos sentimos placer cuando somos admirados por nuestros méritos, pero en el fondo solemos ser bastante humildes para darnos cuenta de que esa admiración es precaria. Nuestros padres nos quieren porque somos sus hijos, y esto es un hecho inalterable, de modo que nos sentimos más seguros con ellos que con cualquier otro. En tiempos de éxito, esto puede no parecer importante, pero en tiempos de fracaso proporciona un consuelo y una seguridad que no se encuentran en ninguna otra parte.

En todas las relaciones humanas es bastante fácil garantizar la felicidad de una parte, pero es mucho más difícil garantizarla felicidad de las dos. El carcelero puede disfrutar manteniendo encerrado al preso; el jefe puede gozar intimidando al empleado; el dictador puede disfrutar gobernando a sus súbditos con mano dura; y, sin duda, el padre a la antigua usanza disfrutaba instilando virtud a sus hijos con ayuda de un palo. Sin embargo, estos placeres son unilaterales; para la otra parte del negocio la situación es menos agradable. Hemos acabado por convencernos de que estos placeres unilaterales tienen algo que no resulta satisfactorio: creemos que una buena relación humana debería ser satisfactoria para las dos partes. Esto se aplica sobre todo a las relaciones entre padres e hijos, y el resultado es que los padres obtienen mucho menos placer que antes, mientras que los hijos sufren menos a manos desus padres que en generaciones pasadas. Yo no creo que exista alguna razón real para que los padres obtengan menos felicidad de sus hijos que en otras épocas, aunque está claro que es lo que ocurre en la actualidad. Tampoco creo que exista ninguna razón para que los padres no puedan aumentar la felicidad de sus hijos. Pero esto exige, como todas las relaciones de igualdad a las que aspira el mundo moderno, cierta delicadeza y ternura, cierto respeto por la otra personalidad, yla belicosidad de la vida normal no favorece esto, ni mucho menos. Vamos a considerar la alegría de la paternidad, primero en su esencia biológica y después tal como puede llegar a ser en un padre inspirado por ese tipo de actitud hacia otras personalidades que hemos sugerido como imprescindible paraun mundo que crea en la igualdad.

La raíz primitiva del placer de la paternidad es dual. Por un lado está la sensación de que una parte del propio cuerpo se ha exteriorizado, prolongando su vida más allá de la muerte del resto de nuestro cuerpo, y con posibilidades de exteriorizar a su vez parte de sí misma del mismo modo, y de esta manera asegurar la inmortalidad del plasma germinal. Porotro lado hay una mezcla perfecta de poder y ternura. La nueva criatura está indefensa y sentimos el impulso de atender sus necesidades, un impulso que no solo satisface el amor de los padres por el niño, sino también el deseo de poder de los padres. Mientras el niño no pueda valerse por sí mismo, las atenciones que se le dedican no son altruistas, ya que equivalea proteger una parte vulnerable de uno mismo. Pero desde una edad muy temprana empieza a haber un conflicto entre el afán de poder paternal y el interés por el bien del niño, ya que, aunque el poder sobre el niño está hasta cierto punto impuesto por la situación, también es deseable que el niño aprenda cuanto antes a ser independiente en todos los aspectos posibles, lo cual contraría el afán de poder de los padres. Algunos padres nunca llegan a ser conscientes de este conflicto, y siguen portándose como tiranos hasta que los hijos están en condiciones de rebelarse. Otros, en cambio, son conscientes de ello y como consecuencia caen presa de emociones contradictorias. En este conflicto se pierde la felicidad parental. Después de todos los cuidados que han dedicado a su hijo, descubren consternados que éste ha salido muy diferente de lo que esperaban. Querían que fuera militar y resulta que es pacifista; o, como en el caso de Tolstói, querían que fuera pacifista y él se alista en el ejército. Pero no es solo en esta época posterior de la vida cuando surgen dificultades. Si damos de comer a un niño que es ya capaz de comer solo, estamos anteponiendo el afán de poder al bienestar del niño, aunque parezca que solo estamos siendo amables y ahorrándole una molestia. Si le metemos mucho miedo al advertirle de los peligros, probablemente actuamos movidos por el deseo de mantenerle dependiente de nosotros. Si le damos muestras de cariño esperando una respuesta, probablemente estamos tratando de atarle a nosotros por medio de sus emociones. El impulso posesivo de los padres puede descarriar al niño de mil maneras, grandes y pequeñas, a menos que tengan mucho cuidado o sean muy puros de corazón. Los padres modernos, conscientes de estos peligros, pierden a veces la confianza en su capacidad de tratar a los hijos y el resultado es peor que si se permitieran cometer errores espontáneos, porque nada perturba tanto a un niño como la falta de seguridad y confianza en sí mismo por parte de un adulto. Así pues, más vale ser puro que ser cuidadoso. El padre que verdaderamente desea más el bien del niño que tener poder sobre él no necesitará libros de psicología que le digan lo que tiene que hacer y lo que no, porque su instinto le guiará correctamente. Y en este caso, la relación entre padres e hijo será armoniosa de principio a fin, sin provocar rebelión en el hijo ni sentimientos de frustración en los padres. Pero para esto es necesario que los padres, desde un principio, respeten la personalidad del hijo, un respeto que no debe ser simple cuestiónde principios morales o intelectuales, sino algo que se siente en el alma, con convicción casi mística, en tal medida que resulta totalmente imposible mostrarse posesivo u opresor. Por supuesto, esta actitud no solo es deseable para con los niños: es muy necesaria en el matrimonio, y también en la amistad, aunque en esta última no resulta tan difícil. En un mundo ideal, se aplicaría también a las relaciones políticas entre grupos de personas, aunque esta esperanza es tan remota que más vale no pensar en ella. Pero aunque este tipo de afecto sea necesario en todas partes, es mucho más importante cuando se trata de niños, porque son seres indefensos y porque su pequeño tamaño y escasa fuerza hacen que las almas vulgares los desprecien.

Pero volviendo al problema que nos interesa en este libro, la plena alegría de la paternidad solo pueden alcanzarla en el mundo moderno los que sientan sinceramente esta actitud de respeto hacia el hijo, porque a ellos no les molestará reprimir sus ansias de poder y no tendrán que temer la amarga desilusión que experimentan los padres despóticos cuando sus hijos adquieren libertad. Al padre que tenga esta actitud, la paternidad le ofrecerá numerosas alegrías que jamás estuvieron al alcance de los déspotas en los tiempos de apogeo de la autoridad paterna. Porque el amor al que la nobleza ha purgado de toda tendencia a la tiranía puede proporcionar una alegría más exquisita, más tierna, más capaz de transmutar los metales vulgares de la vida cotidiana en el oro puro del éxtasis místico, que cualquiera de las emociones que pueda sentir el hombre que sigue luchando y esforzándose por mantener su autoridad en este resbaladizo mundo.

Aunque concedo mucha importancia a las emociones de los padres, no por ello soy de la opinión, tan extendida, de que las madres deben hacer personalmente todo lo que se pueda por sus hijos. Este convencionalismo tenía su razón de ser en los tiempos en que no se sabía nada sobre el cuidado de los niños, aparte de unos cuantos consejos anticientíficos que las viejas transmitían a las jóvenes. En la actualidad, hay muchos aspectos del cuidado de los niños que es mejor dejar en manos de especialistas que hayan estudiado las materias correspondientes. Esto se acepta en lo referente a esa parte de su educación que se *llama* «educación». A ninguna madre se le pide que enseñe cálculo a su hijo, por mucho que lo quiera. En lo que se refiere a la adquisición de conocimientos intelectuales, todos están de acuerdo en que los niños los aprenderán mejor de alguien que los pose a que de una madre que no los tenga. Pero en lo referente a otros muchos aspectos del cuidado de los niños, esto no se acepta, porque aún no se reconoce que se necesite experiencia para ello. Sin duda alguna, hay ciertas cosas que es mejor que las haga la madre, pero a medida que el niño crece habrá cada vez más cosas que es mejor que las haga otra persona. Si todos aceptaran esto, las madres se ahorrarían una gran cantidad de trabajo que para ellas resulta fastidioso porque carecen de competencia profesional en ese campo. Una mujer que haya adquirido algún tipo de destreza profesional debería, por su propio bien y por el de la comunidad, tener libertad para seguir ejerciendo su profesión a pesar de la maternidad. Seguramente, no podrá hacerlo durante los últimos meses de embarazo y durante la lactancia, pero un niño de más de nueve meses no debería constituir una barrera insuperable para la actividad profesional de su madre. Siempre que la sociedad exija a una madre que se sacrifique por su hijo más allá de lo razonable, la madre, si no es excepcionalmente santa, esperará de su hijo más compensaciones de las que tiene derecho a esperar. Las que solemos llamar madres sacrificadas son, en la mayoría de los casos, extraordinariamente egoístas para con sus hijos porque, aunque la paternidad es un elemento muy importante de la vida, no resulta satisfactoria si constituye lo único que hay en la vida, y los padres insatisfechos tienden a ser emocionalmente avaros. Por eso es importante, por el bien de los hijos y por el de la madre, que la maternidad no la prive de todos sus demás intereses y ocupaciones. Si tiene auténtica vocación por el cuidado de los niños y dispone de los conocimientos necesarios para cuidar bien de sus hijos, habría que aprovechar más su talento, contratándola profesionalmente para que cuidara de un grupo de niños, entre los que podrían figurar los suyos. Es justo que los padres que cumplan los requisitos mínimos estipulados por el Estado puedan decidir cómo han de ser criados sus hijos y por quién, con tal de que lo hagan personas cualificadas. Pero no se debería exigir por costumbre a todas las madres que hagan cosas que otra mujer podría hacer mejor. Las madres que se sienten desconcertadas e incompetentes cuando se enfrentan con sus hijos, y esto les ocurre a muchas madres, no deberían vacilar en encomendar el cuidado de sus hijos a mujeres con aptitudes para este trabajo y con la formación necesaria. No existe un instinto de origen celestial que enseñe a las mujeres lo que tienen que hacer con sus hijos, y la solicitud más allá de cierto punto no es más que un disfraz del afán de posesión. Muchos niños han quedado malogrados psicológicamente a causa del trato ignorante y sentimental que les dieron sus madres. Siempre se ha admitido que no se puede esperar que los padres hagan mucho por sus hijos, y sin embargo los niños suelen querer tanto a sus padres como a sus madres. En el futuro, la relación madre-hijo se parecerá cada vez más a la que los hijos tienen ahora con sus padres, y así las mujeres se librarán de una esclavitud innecesaria y los niños se beneficiarán del conocimiento científico que se va acumulando en lo referente al cuidado de sus mentes y sus cuerpos en los primeros años.

14

TRABAJO

Puede que no esté muy claro si el trabajo debería clasificarse entre las causas de felicidad o entre las causas de desdicha. Desde luego, hay muchos trabajos que son sumamente desagradables, y un exceso de trabajo es siempre muy penoso. Creo, sin embargo, que si el trabajo no es excesivo, para la mayor parte de la gente hasta la tarea más aburrida es mejor que no hacer nada. En el trabajo hay toda una gradación, desde el mero alivio del tedio hasta los placeres más intensos, dependiendo de la clase de trabajo y de las aptitudes del trabajador. La mayor parte del trabajo que casi todo el mundo tiene que hacer no es nada interesante en sí mismo, pero incluso este tipo de trabajo tiene algunas grandes ventajas. Para empezar, ocupa muchas horas del día, sin necesidad de decidir qué vamos a hacer. La mayor parte de la gente, si se la deja libre para ocupar su tiempo a su gusto, se queda indecisa, sin que se le ocurra algo lo bastante agradable como para que valga la pena hacerlo. Y decidan lo que decidan, tienen la molesta sensación de que habría sido más agradable hacer alguna otra cosa. La capacidad de saber emplear inteligentemente el tiempo libre es el último producto de la civilización, y por el momento hay muy pocas personas que hayan alcanzado este nivel. Además, tener que decidir es ya de por sí una molestia. Exceptuando las personas con iniciativa fuera de lo normal, casi todos prefieren que se les diga lo que tienen que hacer a cada hora del día, siempre que las órdenes no sean muy desagradables. Casi todos los ricos ociosos padecen un aburrimiento insoportable; es el precio que pagan por librarse de los trabajos penosos. A veces encuentran alivio practicando la caza mayor en África o dando la vuelta al mundo en avión, pero el número de sensaciones de este tipo es limitado, sobre todo cuando ya no se es joven. Por eso, los ricos más inteligentes trabajan casi tan duro como si fueran pobres, y la mayor parte de las mujeres ricas se mantiene ocupada en innumerables fruslerías, de cuya trascendental importancia están firmemente convencidas.

Así pues, el trabajo es deseable ante todo y sobre todo como preventivo del aburrimiento, porque el aburrimiento que uno siente cuando está haciendo un trabajo necesario pero poco interesante no es nada en comparación con el aburrimiento que se siente cuando uno no tiene nada que hacer. Esta ventaja lleva aparejada otra: que los días de fiesta, cuando llegan, se disfrutan mucho más. Si el trabajo no es tan duro que le deje a uno sin fuerzas, el trabajador le sacará a su tiempo libremucho más placer que un hombre ocioso.

La segunda ventaja de casi todos los trabajos remunerados y de algunos trabajos no remunerados es que ofrecen posibilidades de éxito y dan oportunidades a la ambición. En casi todos los trabajos el éxito se mide por los ingresos, y esto seráinevitable mientras dure nuestra sociedad capitalista. Solo en los mejores trabajos deja de ser aplicable esta vara de medir. En el deseo de ganar más que sienten los hombres interviene tanto el deseo de éxito como el de los lujos adicionales que podrían procurarse con más ingresos. Por aburrido que sea un trabajo, se hace soportable si sirve para labrarse una reputación, ya sea a nivel mundial o solo en el propio círculo privado. La persistencia en los propósitos es uno de los ingredientes más importantes de la felicidad a largo plazo, y para la mayoría de los hombres esto se consigue principalmente en el trabajo. En este aspecto, las mujeres cuya vida está dedicada a las tareas del hogar son mucho menos afortunadas quelos hombres y que las mujeres que trabajan fuera de casa. La esposa domesticada no cobra salario, no tiene posibilidadesde prosperar, su marido (que no ve prácticamente nada de lo que ella hace) considera que todo eso es natural, y no la valora por su trabajo doméstico sino por otras cualidades. Por supuesto, esto no se aplica a las mujeres con suficientes medios económicos para montarse casas magníficas con jardines preciosos, que son la envidia de sus vecinos; pero estas mujeres son relativamente pocas, y, para la gran mayoría, las labores domésticas no pueden proporcionar tantas satisfacciones como las que obtienen de su trabajo los hombres y las mujeres con una profesión.

Casi todos los trabajos proporcionan la satisfacción de matar el tiempo y de ofrecer alguna salida a la ambición, por humilde que sea, y esta satisfacción basta para que incluso el que tiene un trabajo aburrido sea, por término medio, más feliz que el que no lo tiene. Pero cuando el trabajo es interesante,es capaz de proporcionar satisfacciones de un nivel muy superior al mero alivio del tedio. Los tipos de trabajo con algún interés se pueden ordenar jerárquicamente. Empezaré por los que solo son ligeramente interesantes y terminaré con los que son dignos de absorber todas las energías de un gran hombre.

Los principales elementos que hacen interesante un trabajo son dos: el primero es el ejercicio de una habilidad; el segundo, la construcción.

Todo el que ha adquirido una habilidad poco común disfruta ejercitándola hasta que la domina sin esfuerzo o hasta que ya no puede mejorar más. Esta motivación para la actividad comienza en la primera infancia: al niño que sabe hacer el pino acaba no gustándole andar con los pies. Muchos trabajos proporcionan el mismo placer que los juegos de habilidad. El trabajo de un abogado o de un político debe de producir un placer muy similar al que se experimenta jugando al *bridge*, pero en una forma más agradable. Por supuesto, aquí no solo se trata de ejercer una habilidad, sino de superar a un adversario hábil. Pero aunque no exista este elemento competitivo, la ejecución de proezas difíciles siempre es agradable. El hombre capaz de hacer acrobacias con un aeroplano experimenta un placer tan grande que por él está dispuesto a arriesgar la vida. Me imagino que un buen cirujano, a pesar de las dolorosas circunstancias en que realiza su trabajo, obtiene satisfacción de la exquisita precisión de sus operaciones. El mismo tipo de placer, aunque en forma menos intensa, se obtiene en muchos trabajos de índole más humilde. Incluso he oído hablar de fontaneros que disfrutaban con su trabajo, aunquenunca he tenido la suerte de conocer a uno. Todo trabajo que exija habilidad puede proporcionar placer, siempre que la habilidad requerida sea variable o se pueda perfeccionar indefinidamente. Si no se dan estas condiciones, el trabajo dejará de ser interesante cuando uno alcanza el nivel máximo de habilidad. El atleta que corre carreras de cinco mil metros dejará de obtener placer con esta ocupación cuando pase de una edad en que ya no pueda batir sus marcas anteriores. Afortunadamente, existen muchísimos trabajos en que las nuevas circunstancias exigen nuevas habilidades, y uno puedeseguir mejorando, al menos hasta llegar a la edad madura. En algunos tipos de trabajos cualificados, como la política, por ejemplo, parece que la mejor edad del hombre está entre los sesenta y los setenta; la razón es que en esta clase de profesiones es imprescindible tener una gran experiencia en el tratocon los demás. Por esta razón, los políticos de éxito pueden ser más felices a los setenta años que otros hombres de la misma edad. Sus únicos competidores en este aspecto son los que dirigen grandes negocios.

Sin embargo, los mejores trabajos tienen otro elemento que es aún más importante como fuente de felicidad que el ejercicio de una habilidad: el elemento constructivo. En algunos trabajos, aunque desde luego en muy pocos, se construye algoque queda como monumento después de terminado el trabajo.Podemos distinguir la construcción de la destrucción por el siguiente criterio: en la construcción, el estado inicial de las cosas es relativamente caótico, pero el resultado encarna un propósito; en la destrucción ocurre al revés: el estado inicial de las cosas encarna un propósito y el resultado es caótico; es decir, lo único que se proponía el destructor era crear un estado de cosas que no encarne un determinado propósito. Este criterio se aplica al caso más literal y obvio que es la construcción y destrucción de edificios. Para construir un edificio se sigue un plano previamente trazado, mientras que al demolerlo nadie decide cómo quedarán exactamente los materiales cuando termine la demolición. Desde luego, la destrucción es necesaria muy a menudo como paso previo para una posteriorconstrucción; en este caso, forma parte de un todo que es constructivo. Pero no es raro que la gente se dedique a actividades cuyos propósitos son destructivos, sin relación con ninguna construcción que pueda venir posteriormente. Muy a menudo, se engañan a sí mismos haciéndose creer que solo están preparando el terreno para después construir algo nuevo, pero por lo general es posible destapar este engaño, cuando se trata de un engaño, preguntándoles qué se va a construirdespués. Entonces se verá que dicen vaguedades y hablan sin entusiasmo, mientras que de la destrucción preliminar hablaban con entusiasmo y precisión. Esto se aplica a no pocos revolucionarios, militaristas y otros apóstoles de la violencia. Actúan motivados por el odio, generalmente sin que ellos mismos lo sepan; su verdadero objetivo es la destrucción de lo que odian, y se muestran relativamente indiferentes a la cuestión de lo que vendrá luego. No puedo negar que se puede gozar con un trabajo de destrucción, lo mismo que con unode construcción. Es un gozo más feroz, tal vez más intenso enalgunos momentos, pero no produce una satisfacción tan profunda, porque el resultado tiene poco de satisfactorio. Matas a tu enemigo y, una vez muerto, ya no tienes nada que hacer, y la satisfacción que obtienes de la victoria se evapora rápidamente. En cambio, cuando se ha terminado un trabajo constructivo, produce placer contemplarlo, y, además, nunca está tan completo que no se pueda añadir ningún toque más. Las actividades más satisfactorias son las que conducen indefinidamente de un éxito a otro sin llegar jamás a un callejón sin salida; y en este aspecto es fácil comprobar que la construcción es una fuente de felicidad mayor que la destrucción. Tal vez sería más correcto decir que los que encuentran satisfacción en la construcción quedan más satisfechos que los que secomplacen en la destrucción, porque cuando se ha estadolleno de odio no es fácil obtener de la construcción el placer que obtendría de ella otra persona.

Además, pocas cosas resultan tan eficaces para curar el hábito de odiar como la oportunidad de hacer algún trabajo constructivo importante.

La satisfacción que produce el éxito en una gran empresa constructiva es una de las mayores que se pueden encontrar en la vida, aunque por desgracia sus formas más elevadas solo están al alcance de personas con aptitudes excepcionales. Nadie puede quitarle a uno la felicidad que provoca haber hecho bien un trabajo importante, salvo que se le demuestre que, en realidad, todo su trabajo estuvo mal hecho. Esta satisfacción puede adoptar muchas formas. El hombre que diseña un plan de riego con el que consigue hacer florecer el desierto la disfruta en una de sus formas más tangibles. La creación de una organización puede ser un trabajo de suprema importancia. También lo es el trabajo de esos pocos estadistas que han dedicado sus vidas a crear orden a partir del caos, de los que Lenin es el máximo exponente en nuestra época. Los ejemplos más obvios son los artistas y los hombres de ciencia. Shakespeare dijo de sus poemas: «Vivirán mientras los hombres respiren y los ojos puedan ver». Y no cabe duda de que este pensamiento le consolaba en tiempos de desgracia. En sus sonetos insiste en que pensar en su amigo le reconciliaba con la vida, pero no puedo evitar sospechar que los sonetos que le escribió a su amigo eran mucho más eficaces para este propósito que el amigo mismo. Los grandes artistas y los grandes hombres de ciencia hacen un trabajo que es un placer en sí mismo; mientras lo hacen, se ganan el respeto de las personas cuyo respeto vale la pena, lo cual les proporciona el tipo más importante de poder, el poder sobre los pensamientos y sentimientos de otros. Además, tienen excelentes razones para pensar bien de sí mismos. Cualquiera pensaría que esta combinación de circunstancias favorables tendría que bastar para hacer feliz a cualquier hombre. Sin embargo, no es así. Miguel Ángel, por ejemplo, fue un hombre terriblemente desdichado, y sostenía (aunque estoy seguro de que no era verdad) que nunca se habría molestado en producir obras de arte si no hubiera tenido que pagar las deudas de sus parientes menesterosos. La capacidad de producir grandes obrasde arte va unida con mucha frecuencia, aunque no siempre, a una infelicidad temperamental tan grande que, de no ser porel placer que el artista obtiene de su obra, le empujaría al suicidio. Por tanto, no podemos decir que una gran obra, aunque sea la mejor de todas, tiene que hacer feliz a un hombre; solo podemos decir que tiene que hacerle menos infeliz. En cambio, los hombres de ciencia suelen tener un temperamento menos propenso a la desdicha que el de los artistas, y, por regla general, los grandes científicos son hombres felices que deben su felicidad principalmente a su trabajo.

Una de las causas de infelicidad entre los intelectuales de nuestra época es que muchos de ellos, sobre todo los que tienen talento literario, no encuentran ocasión de ejercer su talento de manera independiente y tienen que alquilarse a ricas empresas dirigidas por filisteos que insisten en hacerles producir cosas que ellos consideran tonterías perniciosas. Si hiciéramos una encuesta entre periodistas de Inglaterra o Estados Unidos, preguntándoles si creen en la política del periódico para el que trabajan, creo que comprobaríamos que solo una minoría contesta que sí; el resto, para ganarse la vida, prostituye su talento en trabajos que ellos mismos consideran dañinos. Este tipo de trabajo no puede proporcionar ninguna satisfacción auténtica; y para reconciliarse con lo que hace, elhombre tiene que volverse tan cínico que ya nada le produce una satisfacción sana. No puedo condenar a los que se dedican a este tipo de trabajos, porque morirse de hambre es una alternativa demasiado dura, pero creo que si uno tiene posibilidades de hacer un trabajo que satisfaga sus impulsos constructivos sin pasar demasiada hambre, hará bien, desde el punto de vista de su felicidad, en elegir este trabajo antes que otro mucho mejor pagado pero que no le parezca digno de hacerse. Sin respeto de uno mismo, la felicidad es prácticamente imposible. Y el hombre que se avergüenza de su trabajo difícilmente podrá respetarse a sí mismo.

Tal como están las cosas, la satisfacción del trabajo constructivo es el privilegio de una minoría, pero, no obstante, puede ser privilegio de una minoría bastante grande. La experimentatodo aquel que es su propio jefe, y también todos aquéllos cuyo trabajo les parece útil y requiere una habilidad considerable. La cría de hijos satisfactorios es un trabajo constructivomuy difícil, que puede producir una enorme satisfacción. Cualquier mujer que lo haya logrado siente que, como resultado de su trabajo, el mundo contiene algo de valor que de otro modo no contendría.

Los seres humanos son muy diferentes en lo que se refiere a la tendencia a considerar sus vidas como un todo. Algunos lo hacen de manera natural y consideran que para ser feliz es imprescindible hacerlo con cierta satisfacción. Para otros, la vida es una serie de incidentes inconexos, sin rumbo y sin unidad. Creo que los primeros tienen más probabilidades de alcanzar la felicidad que los segundos, porque poco a poco van acumulando circunstancias de las que pueden obtener satisfacción y autoestima, mientras que los otros son arrastrados de un lado a otro por los vientos de las circunstancias, ahora hacia aquí, ahora hacia allá, sin llegar nunca a ningún puerto. Acostumbrarse a ver la vida como un todo es un requisito imprescindible para la sabiduría y la auténtica moral yes una de las cosas que deberían fomentarse en la educación. La constancia en los propósitos no basta para hacerle a uno feliz, pero es una condición casi indispensable para una vida feliz. Y la constancia en los propósitos se encarna principalmente en el trabajo.

15

INTERESES NO PERSONALES

Lo que me propongo considerar en este capítulo no son los grandes intereses en torno a los cuales se construye la vida de un hombre, sino esos intereses menores con que ocupa su tiempo libre y que le relajan de las tensiones de sus preocupaciones más serias. En la vida del hombre corriente, los temas que ocupan la mayor parte de sus pensamientos ansiosos y serios son su esposa y sus hijos, su trabajo y su situación económica. Aunque tenga aventuras amorosas extramatrimoniales, probablemente no le importan tanto como sus posibles efectos sobre su vida familiar. Los intereses que guardan relación con el trabajo no los consideraré por ahora como intereses no personales. Un hombre de ciencia, por ejemplo, tiene que mantenerse al corriente de las investigaciones que se hacen en su campo. Sus sentimientos hacia estas investigaciones poseen el calor y la intensidad propios de algo íntimamente relacionado con su carrera; pero si lee sobre investigaciones en otra ciencia que no tenga relación con su especialidad, lo leerá con una actitud totalmente distinta, no profesional, con menos espíritu crítico, más desinteresadamente. Aunque tenga que usar el cerebro para seguir lo que se dice, esta lectura le sirve de relajación, porque no está relacionada con sus responsabilidades. Si el libro le interesa, su interés es impersonal, en un sentido que no se puede aplicar a los libros que tratan de su especialidad. De estos intereses que se salen de las actividades principales de la vida es de lo que quiero hablar en el presente capítulo.

Una de las fuentes de infelicidad, fatiga y tensión nerviosa esla incapacidad para interesarse por cosas que no tengan importancia práctica en la vida de uno. El resultado es que la mente consciente no descansa, siempre ocupada en un pequeño número de asuntos, cada uno de los cuales supone probablemente algo de ansiedad y cierto grado de preocupación. Excepto durante el sueño, nunca se le permite a la mente consciente quedar en barbecho para que los pensamientos subconscientes maduren poco a poco su sabiduría. Esto provoca excitabilidad, falta de sagacidad, irritabilidad y pérdida del sentido de la proporción. Todo lo cual es, a la vez, causa yefecto de la fatiga. Cuanto más fatigado está uno, menos le interesan las cosas exteriores; y al disminuir el interés disminuye también el alivio que antes proporcionaban esas cosas, yuno se siente aún más cansado. Este círculo vicioso solo puede conducir al derrumbamiento nervioso. Los intereses exteriores resultan sosegantes porque no exigen ninguna acción. Tomar decisiones y realizar actos de voluntad son cosas muy fatigosas, sobre todo si hay que hacerlo con prisas y sin la ayuda del subconsciente. Tienen mucha razón los que dicen que las decisiones importantes hay que «consultarlas con la almohada». Pero no solo durante el sueño pueden funcionar los procesos mentales subconscientes. También pueden funcionar mientras la mente consciente está ocupada en otra cosa. La persona capaz de olvidarse de su trabajo al terminar la jornada y no volverse a acordar hasta que empieza el día siguiente, seguramente hará su trabajo mucho mejor que el que se sigue preocupando durante las horas intermedias. Y resultamucho más fácil olvidarse del trabajo cuando conviene olvidarlo si uno tiene muchas más cosas que le interesen, aparte del trabajo. Sin embargo, es imprescindible que estos intereses no exijan aplicar las mismas facultades que han quedado agotadas por la jornada laboral. No deben exigir fuerza de voluntad y decisiones rápidas, no deben tener implicaciones económicas, como ocurre con el juego, y en general no debenser tan excitantes que provoquen fatiga emocional y preocupen al subconsciente, además de a la mente consciente.

Hay muchos entretenimientos que cumplen estas condiciones. Los espectáculos deportivos, el teatro, el golf, son irreprochables desde este punto de vista. Si uno es aficionado a los libros, la lectura no relacionada con su actividad profesional le resultará muy satisfactoria. Por muy importantes que sean nuestras preocupaciones, no hay que pensar en ellas durante todas las horas de vigilia.

En este aspecto, existe una gran diferencia entre hombres y mujeres. En general, a los hombres les resulta mucho más fácil olvidarse de su trabajo que a las mujeres. En el caso de mujeres cuyo trabajo es el hogar, esto es natural, ya que no cambian de sitio como los hombres que en cuanto salen de la oficina varían de humor. Pero, si no me equivoco, las mujeres que trabajan fuera de casa son tan diferentes de los hombres en este aspecto como las que trabajan en casa. Les resulta muy difícil interesarse en algo que no tenga importancia práctica para ellas. Sus propósitos dirigen sus pensamientos y sus actividades, y casi nunca se dejan absorber por un interés totalmente intrascendente. Naturalmente, no niego que existan excepciones, pero estoy hablando de lo que me parece la norma general. En un colegio femenino, por ejemplo, las profesoras, si no hay ningún hombre delante, siguen hablando de sus clases por la noche, mientras que en un colegio masculino esto no ocurre. A las mujeres les parece que esto demuestra que son más concienzudas que los hombres, pero no creo que a largo plazo esto mejore la calidad de su trabajo. Más bien tiende a producir cierta estrechez de miras que con mucha frecuencia conduce a una especie de fanatismo.

Todos los intereses impersonales, aparte de su importancia como factor de relajación, tienen otras ventajas. Para empezar, ayudan a mantener el sentido de la proporción. Es muy fácil dejarse absorber por nuestros propios proyectos, nuestro círculo de relaciones, nuestro tipo de trabajo, hasta el punto de olvidar que todo ello constituye una parte mínima de la actividad humana total, y que a la mayor parte del mundo no le afecta nada lo que nosotros hacemos. Puede que se pregunten ustedes: ¿y por qué hay que acordarse de esto? Tengo varias respuestas. En primer lugar, es bueno tener una imagen del mundo tan completa como nos permitan nuestras actividades necesarias. Ninguno de nosotros va a estar mucho tiempo en este mundo, y cada uno, durante los pocos años que dure su vida, tiene que aprender todo lo que va a saber sobre este extraño planeta y su posición en el universo. Desaprovechar las oportunidades de conocimiento, por imperfectas que sean, es como ir al teatro y no escuchar la obra. El mundo está lleno de cosas, cosas trágicas o cómicas, heroicas, extravagantes o sorprendentes, y los que no encuentran interés en el espectáculo están renunciando a uno de los privilegios que nos ofrece la vida.

Por otra parte, el sentido de la proporción resulta muy útil y a veces muy consolador. Todos tenemos tendencia a excitarnos exageradamente, preocuparnos exageradamente, dejarnos impresionar exageradamente por la importancia del pequeño rincón del mundo en que vivimos, y del pequeño espacio de tiempo comprendido entre nuestro nacimiento y nuestra muerte. Toda esta excitación y sobrevaloración de nuestra propia importancia no tiene nada de bueno. Es cierto que puede hacernos trabajar más, pero no nos hará trabajar mejor. Es preferible poco trabajo con buen resultado a mucho trabajocon mal resultado, aunque no piensen así los apóstoles de la vida hiperactiva. Los que se preocupan mucho por su trabajo están en constante peligro de caer en el fanatismo, que consiste básicamente en recordar una o dos cosas deseables, olvidándose de todas las demás, y suponer que cualquier daño incidental que se cause tratando de conseguir esas cosas carece de importancia. No existe mejor profiláctico contra este temperamento fanático que un concepto amplio de la vida humana y su posición en el universo. Puede parecer que estamos invocando un concepto demasiado grande para la ocasión, pero aparte de esta aplicación particular, es algo que tiene un gran valor por sí mismo.

Uno de los defectos de la educación superior moderna es que se ha convertido en un puro entrenamiento para adquirir ciertas habilidades y cada vez se preocupa menos de ensanchar la mente y el corazón mediante el examen imparcial del mundo. Supongamos que estamos metidos en una campaña política y trabajamos con todas nuestras fuerzas por la victoria de nuestro partido. Hasta aquí, bien. Pero a lo largo de la campaña puede ocurrir que se presente alguna oportunidad de victoria que conlleve utilizar métodos calculados para fomentar elodio, la violencia y la desconfianza. Por ejemplo, se nos puede ocurrir que la mejor táctica para ganar sea insultar a una nación extranjera. Si nuestro alcance mental solo abarca el presente, o si hemos asimilado la doctrina de que lo único queimporta es lo que se llama eficiencia, adoptaremos esos métodos tan turbios. Puede que gracias a ellos logremos nuestros propósitos inmediatos, pero las consecuencias a largo plazo pueden ser desastrosas. En cambio, si nuestro bagaje mental incluye las épocas pasadas de la humanidad, su lenta y parcialsalida de la barbarie y la brevedad de toda su historia en comparación con los períodos astronómicos, si estas ideas han moldeado nuestros sentimientos habituales, nos daremos cuenta de que la batalla momentánea en que estamos empeñados no puede ser tan importante como para arriesgarse adar un paso atrás, retrocediendo hacia las tinieblas de las que tan lentamente hemos ido saliendo. Es más: si salimos derrotados en nuestro objetivo inmediato, nos servirá de sostén ese mismo sentido de lo momentáneo que nos hizo rechazar eluso de métodos degradantes. Más allá de nuestras actividades inmediatas, tendremos objetivos a largo plazo, que irán cobrando forma poco a poco, en los que uno no será un individuo aislado sino parte del gran ejército de los que han guiado a la humanidad hacia una existencia civilizada. A quien haya adoptado este modo de pensar no le abandonará nunca cierta felicidad de fondo, sea cual fuere su suerte personal. La vida se convertirá en una comunión con los grandes de todas las épocas, y la muerte personal no será más que un incidente sin importancia.

Si yo tuviera poder para organizar la educación superior como yo creo que debería ser, procuraría sustituir las viejas religiones ortodoxas (que atraen a muy pocos jóvenes, y siempre a los menos inteligentes y más oscurantistas) por algo quetal vez no se podría llamar religión, ya que se trata simplemente de centrar la atención en hechos bien comprobados. Procuraría que los jóvenes adquirieran viva conciencia del pasado, que se hicieran plenamente conscientes de que el futuro de la humanidad será, casi con toda seguridad, incomparablemente más largo que su pasado, y que también adquirieran plena conciencia de lo minúsculo que es el planeta en que vivimos, y de que la vida en este planeta es solo un incidente pasajero. Y junto a estos hechos, que insisten en la insignificancia del individuo, les presentaría otro conjunto de hechos diseñados para grabar en la mente de los jóvenes la grandeza de que es capaz el individuo, y el convencimiento de que en toda la profundidad del espacio estelar no se conoce nada que tenga tanto valor. Hace mucho tiempo, Spinoza escribió sobrela esclavitud y la libertad; debido a su estilo y su lenguaje, susideas son de difícil acceso, salvo para los estudiantes de filosofía, pero lo que yo quiero decir se diferencia muy poco delo que él dijo.

Una persona que haya percibido lo que es la grandeza de alma, aunque sea temporal y brevemente, ya no puede ser feliz si se deja convertir en un ser mezquino, egoísta, atormentado por molestias triviales, con miedo a lo que pueda depararle el destino. La persona capaz de la grandeza de alma abrirá de par en par las ventanas de su mente, dejando que penetren libremente en ella los vientos de todas las partes del universo. Se verá a sí mismo, verá la vida y verá el mundo con toda la verdad que nuestras limitaciones humanas permitan; dándose cuenta de la brevedad e insignificancia de la vida humana, comprenderá también que en las mentes individuales está concentrado todo lo valioso que existe en el universo conocido. Y comprobará que aquél cuya mente es un espejo del mundo llega a ser, en cierto sentido, tan grande como el mundo. Experimentará una profunda alegría al emanciparse de los miedos que agobian al esclavo de las circunstancias, y seguirá siendo feliz en el fondo a pesar de todas las vicisitudes de su vida exterior.

Dejando estas elevadas especulaciones y volviendo a nuestro tema más inmediato, que es la importancia de los intereses no personales, hay otro aspecto que los convierte en una gran ayuda para lograr la felicidad. Hasta en las vidas más afortunadas hay momentos en que las cosas van mal. Pocos hombres, exceptuando los solteros, no se habrán peleado nunca con sus esposas; pocos padres no habrán pasado momentos de gran angustia por las enfermedades de sus hijos; pocos hombres de negocios se habrán librado de períodos de inseguridad económica; pocos profesionales no habrán vivido épocas en que el fracaso los miraba a los ojos. En esas ocasiones, la capacidad de interesarse en algo sin relación con la causa de ansiedad representa una ventaja enorme. En esos momentos en que, a pesar de la angustia, no se puede hacer nada de inmediato, algunos juegan al ajedrez, otros leen novelas policíacas, otros se dedican a la astronomía popular y otros se consuelan leyendo acerca de la excavaciones en Ur, Caldea. Todos ellos hacen bien; en cambio, el que no hace nada para distraer la mente y permite que sus preocupaciones adquieran absoluto dominio sobre él, se porta como un insensato y pierde capacidad para afrontar sus problemas cuando llegue el momento de actuar. Se puede aplicar una consideración similar a las desgracias irreparables, como la muerte de una persona muy querida. No conviene dejarse hundir en la pena. El dolor es inevitable y natural, pero hay que hacer todo lo posible por reducirlo al mínimo. Es puro sentimentalismo pretender extraer de la desgracia, como hacen algunos, hasta la última gota de sufrimiento. Naturalmente, no niego que uno pueda estar destrozado por la pena; lo que digo es que hayque hacer lo posible para escapar de ese estado y buscar cualquier distracción, por trivial que sea, siempre que no sea nociva o degradante. Entre las que considero nocivas y degradantes están el alcohol y las drogas, cuyo propósito es destruir el pensamiento, al menos momentáneamente. Lo que hay que hacer no es destruir el pensamiento, sino encauzarlo por nuevos canales, o al menos por canales alejados de la desgracia actual. Esto es difícil de hacer si hasta ese momento la vida se ha concentrado en unos pocos intereses, y esos pocos están ahora sumergidos en la pena. Para soportar bien la desgracia cuando se presenta conviene haber cultivado en tiempos más felices cierta variedad de intereses, para que la mente pueda encontrar un refugio inalterado que le sugiera otras asociaciones y otras emociones diferentes de las que hacen tan insoportable el momento presente.

Una persona con suficiente vitalidad y entusiasmo superará todas las desgracias, porque después de cada golpe se manifestará un interés por la vida y el mundo que no puede estrecharse tanto como para que una pérdida resulte fatal. Dejarse derrotar por una pérdida, e incluso por varias, no es algo digno de admiración como prueba de sensibilidad, sino algo que habría que deplorar como un fallo de vitalidad. Todos nuestros seres queridos están a merced de la muerte, que puede golpear en cualquier momento a quienes más amamos. Por tanto, es necesario que no vivamos con esa estrecha intensidad que pone todo el sentido y el propósito de la vida a merced de un accidente.

Por todas estas razones, el que aspire a la felicidad sabiendo lo que hace procurará adquirir unos cuantos intereses secundarios, además de los fundamentales sobre los que ha construido su vida.

16

ESFUERZO Y RESIGNACIÓN

A doctrina del justo medio no es nada interesante. Recuerdo que yo, cuando era joven, la rechazaba con desprecio e indignación porque lo que yo admiraba entonces eran los extremismos heroicos. Sin embargo, la verdad no siempre es interesante y la gente cree muchas cosassolo porque son interesantes, aunque en realidad apenas hayaevidencias a su favor. Pues con el justo medio pasa eso: puede que sea una doctrina poco interesante, pero en muchísimos aspectos es verdadera.

Un aspecto en el que es necesario atenerse al justo medio es la cuestión del equilibrio entre esfuerzo y resignación. Ambas doctrinas han tenido defensores extremistas. La doctrina de la resignación la han predicado santos y místicos; la del esfuerzo la han predicado los expertos en eficiencia y los cristianos esforzados. Cada una de estas escuelas enfrentadas tenía su parte de verdad, pero no toda la verdad. En este capítulo me propongo intentar equilibrar la balanza, y empezaré hablando a favor del esfuerzo.

Excepto en muy raros casos, la felicidad no es algo que se nos venga a la boca, como una fruta madura, por una mera concurrencia de circunstancias propicias. Por eso he titulado este libro *La conquista de la felicidad*. Porque en un mundo tan lleno de desgracias evitables e inevitables, de enfermedades y trastornos psicológicos, de lucha, pobreza y mala voluntad, el hombre o la mujer que quiera ser feliz tiene que encontrar maneras de hacer frente a las múltiples causas de infelicidad que asedian a todo individuo. En algunos casos excepcionales puede que no se requiera mucho esfuerzo. Un hombre de buen carácter, que herede una gran fortuna, goce de buena salud y tenga gustos sencillos, puede pasarse la vida muy a gusto y pensar que no es para tanto. Una mujer guapa eindolente que se case con un hombre rico que no le exija ningún esfuerzo y a la que no le importe engordar después de casada, también podrá disfrutar de cierta dicha perezosa, siempre que tenga buena suerte con sus hijos. Pero estos casos son excepcionales. La mayoría de la gente no es rica; muchas personas no nacen con buen carácter; muchos tienen pasiones inquietas que hacen que la vida tranquila y ordenadales parezca insoportablemente aburrida; la salud es una bendición que nadie tiene garantizada para siempre; el matrimonio no es invariablemente una fuente de felicidad. Por todas estas razones, para la mayoría de los hombres y mujeres, la felicidad tiene que ser una conquista, y no un regalo de los dioses; y en esta conquista, el esfuerzo —hacia fuera y hacia dentro— desempeña un papel muy importante. En el esfuerzohacia dentro está incluido también el esfuerzo necesario para la resignación, así que, por el momento, consideremos solo el esfuerzo hacia fuera.

En el caso de cualquier persona, hombre o mujer, que tenga que trabajar para ganarse la vida, la necesidad de esforzarse en este aspecto es tan obvia que no hay ni que hablar de ella. Es cierto que un faquir indio puede ganarse la vida sin esfuerzo, con solo presentar un cuenco para que los creyentes echenlimosnas, pero en los países occidentales las autoridades no ven con buenos ojos este método de obtener ingresos. Además, el clima lo hace menos agradable que en países más cálidos y secos; en invierno, desde luego, pocas personas son tan perezosas que prefieran no hacer nada al aire libre a trabajar en recintos calientes. Así pues, en Occidente la resignación sola no es un buen camino para hacer fortuna.

La mayoría de los habitantes de los países occidentales necesita para ser feliz algo más que cubrir sus necesidades básicas; desean sentir que tienen éxito. En algunas profesiones, como por ejemplo la investigación científica, esta sensación está al alcance de personas que no ganan un gran sueldo, peroen la mayoría de las profesiones el éxito se mide por los ingresos. Y aquí tocamos un asunto en el que en la mayoría de los casos es conveniente algo de resignación, ya que en un mundo competitivo el éxito manifiesto solo es posible para una minoría.

El matrimonio es una cuestión en que el esfuerzo puede ser necesario o no, según las circunstancias. Cuando un sexo está en minoría, como ocurre con los hombres en Inglaterra y con las mujeres en Australia, los miembros de ese sexo no suelen tener que hacer muchos esfuerzos para casarse si lo desean.En cambio, a los miembros del sexo mayoritario les ocurre lo contrario. Basta con estudiar los anuncios de las revistas femeninas para darse cuenta de la cantidad de energía y pensamiento que gastan en este sentido las mujeres de los países enque son mayoría. Cuando son los hombres los que están en mayoría, suelen adoptar métodos más expeditivos, como la habilidad con el revólver. Esto es natural, ya que las poblaciones mayoritariamente masculinas suelen darse en las fronteras de la civilización. No sé qué harían los ingleses si una epidemia selectiva dejara en Inglaterra una mayoría de hombres; puede que tuvieran que recuperar la galantería de épocaspasadas.

La cantidad de esfuerzo que requiere la buena crianza de los hijos es tan evidente que no creo que nadie la niegue. Los países que creen en la resignación y en el mal llamado concepto «espiritual» de la vida son países con una gran mortalidad infantil. La medicina, la higiene, la asepsia, la dieta sana, son cosas que no se consiguen sin preocupaciones mundanas; requieren energía e inteligencia aplicadas al entorno material.

Los que creen que la materia es una ilusión pueden pensar lo mismo de la suciedad, y con ello causar la muerte a sus hijos.

Hablando en términos más generales, se podría decir que es normal y legítimo que toda persona cuyos deseos naturales no estén atrofiados aspire a algún tipo de poder. El tipo de poder que desea cada uno depende de sus pasiones predominantes;

unos desean poder sobre las acciones de los demás, otros desean poder sobre sus pensamientos y otros sobre sus emociones. Algunos desean cambiar el entorno material, otros desean la sensación de poder que se deriva de la superioridad intelectual. Toda clase de trabajo público conlleva el deseo de algún tipo de poder, a menos que se haga pensando únicamente en hacerse rico mediante la corrupción. El hombre que actúa movido por el puro sufrimiento altruista que le provoca el espectáculo de la miseria humana, si dicho sufrimiento es genuino, deseará poder para aliviar la miseria. Las únicas personas totalmente indiferentes al poder son las que sientencompleta indiferencia hacia el prójimo. Así pues, hay que aceptar que desear alguna forma de poder es algo natural en las personas capaces de formar parte de una comunidad sana. Y todo deseo de poder conlleva, mientras no se frustre, una forma correspondiente de esfuerzo. Para la mentalidad occidental, esta conclusión puede parecer una perogrullada, pero no son pocos los occidentales que coquetean con lo que se llama «la sabiduría de Oriente», precisamente cuando Oriente la está abandonando. Es posible que a ellos les parezca discutible lo que decimos, y si es así valía la pena decirlo.

Sin embargo, la resignación también desempeña un papel en la conquista de la felicidad, y es un papel tan imprescindible como el del esfuerzo. El sabio, aunque no se quede parado ante las desgracias evitables, no malgastará tiempo ni emociones con las inevitables, e incluso aguantará algunas de las evitables si para evitarlas se necesitan un tiempo y una energía que él prefiere dedicar a fines más importantes. Mucha gente se impacienta o se enfurece ante el más mínimo contratiempo, y de este modo malgasta una gran cantidad de energíaque podría emplear en cosas más útiles. Incluso cuando uno está embarcado en asuntos verdaderamente importantes, no esprudente comprometerse emocionalmente hasta el punto de que la sola idea de un posible fracaso se convierta en una constante amenaza para la paz mental. El cristianismo predicaba el sometimiento a la voluntad de Dios, y hasta los que no acepten esta terminología deberían tener presente algo parecido en todas sus actividades. La eficiencia en una tarea práctica no es proporcional a la emoción que ponemos enella; de hecho, la emoción es muchas veces un obstáculo para la eficiencia. La actitud más conveniente es hacerlo lo mejor posible, pero contando con los hados. Existen dos clases de resignación: una se basa en la desesperación y la otra en una esperanza inalcanzable. La primera es mala, la segunda es buena. El que ha sufrido una derrota tan terrible que ha perdido toda esperanza de lograr algo bueno, puede aprender la resignación de la desesperación, y al hacerlo abandonará toda actividad seria. Puede disfrazar su desesperación con frases religiosas, o diciendo que la contemplación es el fin natural del hombre, pero por muchos disfraces que utilice para ocultar su derrota interior, seguirá siendo una persona inútil y profundamente desdichada. En cambio, la persona cuya resignación se basa en una esperanza inalcanzable actúa de manera muy diferente. Para que dicha esperanza sea inalcanzable, tiene que ser algo grande y no personal. Sean cuales fueren mis actividades personales, puedo ser derrotado por la muerte, o por ciertas enfermedades; puedo ser vencido por mis enemigos; puedo descubrir que he seguido un camino equivocado que no puede conducir al éxito. Las esperanzas puramente personales pueden fracasar de mil maneras diferentes, todas inevitables; pero si los objetivos personales formaban parte de un proyecto más amplio, que afecte a la humanidad, la derrota no es tan completa cuando se fracasa. El hombre de ciencia que desea hacer grandes descubrimientos puede queno lo consiga, o puede que tenga que dejar su trabajo a causa de un golpe en la cabeza, pero si su mayor deseo es el progreso de la ciencia y no solo su contribución personal a dicho objetivo, no sentirá la misma desesperación que sentiría un hombre cuyas investigaciones tuvieran motivos puramenteegoístas. El hombre que trabaja a favor de una reforma muy necesaria puede encontrarse con que una guerra deja todossus esfuerzos en vía muerta, y puede verse obligado a asumir que la causa por la que trabajó no se hará realidad en lo que lequeda de vida. Pero si lo que le interesa es el futuro de la humanidad y no su propia participación en él, no por eso se hundirá en la desesperación absoluta.

En los casos que hemos considerado, la resignación es muy difícil; pero hay muchos otros en los que resulta mucho más fácil. Me refiero a casos en que solo salen mal cuestiones secundarias, mientras los asuntos importantes de la vida siguen ofreciendo perspectivas de éxito. Por ejemplo, un hombre que esté trabajando en un proyecto importante y se deja distraer por sus problemas matrimoniales porque le falla el tipo adecuado de resignación. Si su trabajo es verdaderamente absorbente, debería considerar estos problemas circunstanciales como se considera un día de lluvia; es decir, como una molestia por la que sería de tontos armar un alboroto.

Hay personas que son incapaces de sobrellevar con paciencia los pequeños contratiempos que constituyen, si se lo permitimos, una parte muy grande de la vida. Se enfurecen cuando pierden un tren, sufren ataques de rabia si la comida está mal cocinada, se hunden en la desesperación si la chimenea notira bien y claman venganza contra todo el sistema industrial cuando la ropa tarda en llegar de la lavandería. Con la energíaque estas personas gastan en problemas triviales, si se empleara bien, se podrían hacer y deshacer imperios. El sabio nose fija en el polvo que la sirvienta no ha limpiado, en la patata que el cocinero no ha cocido, ni en el hollín que el deshollinador no ha deshollinado. No quiero decir que no tome medidas para remediar estas cuestiones, si tiene tiempo para ello;lo que digo es que se enfrenta a ellas sin emoción. La preocupación, la impaciencia y la irritación son emociones que no sirven para nada. Los que las sienten con mucha fuerza pueden decir que son incapaces de dominarlas, y no estoy seguro de que se puedan dominar si no es con esa resignación fundamental de que hablábamos antes. Ese mismo tipo de concentración en grandes proyectos no personales, que permite sobrellevar el fracaso personal en el trabajo o los problemas de un matrimonio desdichado, sirve también para ser paciente cuando perdemos un tren o se nos cae el paraguas en el barro. Si uno tiene un carácter irritable, no creo que pueda curarse de ningún otro modo.

El que ha conseguido liberarse de la tiranía de las preocupaciones descubre que la vida es mucho más alegre que cuando estaba perpetuamente irritado. Las idiosincrasias personales de sus conocidos, que antes le sacaban de quicio, ahora parecen simplemente graciosas. Si Fulano está contando por trescientas cuarenta y siete vez la anécdota del obispo de la Tierra del Fuego, se divertirá tomando nota de la cifra y no intentará en vano acallarle con una anécdota propia. Si se le rompe el cordón del zapato justo cuando tiene que correr para tomar el tren de la mañana, pensará, después de soltar los tacos pertinentes, que el incidente en cuestión no tiene demasiada importancia en la historia del cosmos. Si un vecino pesado le interrumpe cuando está a punto de proponerle matrimonio a una chica, pensará que a toda la humanidad le han ocurrido desastres semejantes, exceptuando a Adán, e incluso él tuvo sus problemas. No hay límites a lo que se puede hacer para consolarse de los pequeños contratiempos mediante extrañas analogías y curiosos paralelismos. Yo creo que toda persona civilizada, hombre o mujer, tiene una imagen de sí misma y se molesta cuando ocurre algo que parece estropear esa imagen. El mejor remedio consiste en no tener una sola imagen, sino toda una galería, y seleccionar la más adecuada para el incidente en cuestión. Si algunos de los retratos son un poco ridículos, tanto mejor; no es prudente verse todo el tiempo como un héroe de tragedia clásica. Tampoco recomiendo que uno se vea siempre a sí mismo como un payaso de comedia, porque los que hacen esto resultan aún más irritantes; se necesita un poco de tacto para elegir un papel adecuado a la situación. Por supuesto, si uno es *capaz* de olvidarse de sí mismo y no representar ningún papel, me parece admirable. Pero si estamos acostumbrados a representar papeles, más vale hacerse un repertorio para así evitar la monotonía.

 Muchas personas activas opinan que la más mínima pizca de resignación, la más ligera chispa de humor, destruirían la energía con que hacen su trabajo y la determinación gracias a la cual —según creen ellos— consiguen sus éxitos. En mi opinión, están equivocadas. Los trabajos que valen la pena pueden hacerlos también personas que no se engañen respecto a su importancia ni a la facilidad con que se pueden hacer. Los que necesitan engañarse a sí mismos para hacer su trabajo deberían hacer un cursillo previo para aprender a afrontar la verdad antes de continuar con su carrera, porque tarde o temprano la necesidad de apoyarse en mitos hará que su trabajo se vuelva perjudicial en vez de ser beneficioso. Mejor es no hacer nada que hacer daño. El tiempo dedicado a aprender a apreciar los hechos no es tiempo perdido, y el trabajo que se haga después tendrá menos probabilidades de resultar perjudicial que el trabajo que hacen los que necesitan inflar constantemente su ego para estimular su energía. Se necesita cierta resignación para atreverse a afrontar la verdad sobre uno mismo; este tipo de resignación puede causar dolor en los primeros momentos, pero a largo plazo protege —de hecho, es la única protección posible— contra las decepciones y desilusiones a que se expone quien se engaña a sí mismo. A la larga, no hay nada tan fatigoso y tan exasperante como esforzarse día tras día en creer cosas que cada día resultan más increíbles. Librarse de ese esfuerzo es una condición indispensable para la felicidad segura y duradera.

17

EL HOMBRE FELIZ

A felicidad, esto es evidente, depende en parte de circunstancias externas y en parte de uno mismo. En este libro nos hemos ocupado de la parte que depende de uno mismo, y hemos llegado a la conclusión de que, en lo referente a esta parte, la receta de la felicidad es muy sencilla.muchos opinan — y entre ellos creo que debemos incluir al señor Krutch, de quien hablamos en el Capítulo 2— que la felicidad es imposible sin creencias más o menos religiosas. Muchas personas que son desdichadas creen que sus pesares tienen causas complicadas y sumamente intelectualizadas. Yono creo que esas cosas sean auténticas causas de felicidad ni de infelicidad; creo que son solo síntomas. Por regla general, la persona desgraciada tiende a adoptar un credo desgraciado,y la persona feliz adopta un credo feliz; cada uno atribuye su felicidad o su desdicha a sus creencias, cuando ocurre justamente al revés. Hay ciertas cosas que son indispensables para la felicidad de la mayoría de las personas, pero se trata de cosas simples: comida y cobijo, salud, amor, un trabajo satisfactorio y el respeto de los allegados. Para algunas personas también es imprescindible tener hijos. Cuando faltan estas cosas, solo las personas excepcionales pueden alcanzar la felicidad; pero si se tienen o se pueden obtener mediante un esfuerzo bien dirigido, el que sigue siendo desgraciado es porque padece algún desajuste psicológico que, si es muy grave, puede requerir los servicios de un psiquiatra, pero que en los casos normales puede curárselo el propio paciente, con tal de que aborde la cuestión de la manera correcta. Cuando las circunstancias exteriores no son decididamente adversas,la felicidad debería estar al alcance de cualquiera, siempre que las pasiones e intereses se dirijan hacia fuera, y no hacia dentro. Por tanto, deberíamos proponernos, tanto en la educación como en nuestros intentos de adaptarnos al mundo, evitar las pasiones egocéntricas y adquirir afectos e intereses que impidan que nuestros pensamientos giren perpetuamente en torno a nosotros mismos. Casi nadie es capaz de ser feliz en una cárcel, y las pasiones que nos encierran en nosotros mismos constituyen uno de los peores tipos de cárcel. Las más comunes de estas pasiones son el miedo, la envidia, el sentimiento de pecado, la autocompasión y la autoadmiración. En todas ellas, nuestros deseos se centran en nosotros mismos: no existe auténtico interés por el mundo exterior, solo la preocupación de que pueda hacernos daño o deje de alimentar nuestro ego. El miedo es la principal razón de que la gente se resista a admitir los hechos y esté tan dispuesta a envolverse en un cálido abrigo de mitos. Pero las espinas desgarran el abrigo y por los desgarrones penetran ráfagas de viento frío, y el que se había acostumbrado a estar abrigado sufre mucho más que el que se ha endurecido habituándose al frío. Además, los que se engañan a sí mismos suelen saber en el fondo que se están engañando, y viven en un estado de aprensión, temiendo que algún acontecimiento funesto les obligue a aceptar realidades desagradables.

Uno de los peores inconvenientes de las pasiones egocéntricas es que le quitan mucha variedad a la vida. Es cierto que al que solo se ama a sí mismo no se le puede acusar de promiscuidad en sus afectos; pero al final está condenado a sufrir un aburrimiento insoportable por la invariable monotonía del objeto de su devoción. El que sufre por el sentimiento de pecado padece una variedad particular de narcisismo. En todo el vasto universo, lo único que le parece de capital importancia es que él debería ser virtuoso. Un grave defecto de ciertas formas de religión tradicional es que han fomentado este tipo concreto de absorción en uno mismo.

El hombre feliz es el que vive objetivamente, el que es libre en sus afectos y tiene amplios intereses, el que se asegura la felicidad por medio de estos intereses y afectos que, a su vez, le convierten a él en objeto del interés y el afecto de otros muchos. Que otros te quieran es una causa importante de felicidad; pero el cariño no se concede a quien más lo pide. Hablando en general, recibe cariño el que lo da. Pero es inútil intentar darlo de manera calculada, como quien presta dinero con interés, porque un afecto calculado no es auténtico, y el receptor no lo siente como tal.

¿Qué puede hacer un hombre que es desdichado porque está encerrado en sí mismo? Mientras siga pensando en las causas de su desdicha, seguirá estando centrado en sí mismo y no podrá salir del círculo vicioso; si quiere salir, tendrá que hacerlo mediante intereses auténticos, no mediante intereses simulados que se adoptan solo como medicina. Aunque esto es verdaderamente difícil, es mucho lo que se puede hacer si uno ha diagnosticado correctamente su problema. Si el problema se debe, por ejemplo, al sentimiento de pecado, consciente o inconsciente, lo primero es convencer a la mente consciente de que no hay ningún motivo para sentirse pecador; y, a continuación, utilizando la técnica que hemos comentado en anteriores capítulos, implantar esta convicción racional en la mente subconsciente, manteniéndose mientras tanto ocupado con alguna actividad más o menos neutra. Si consigue disipar el sentimiento de pecado, es posible que surjan espontáneamente intereses verdaderamente objetivos. Si el problema es la autocompasión, puede aplicarle el mismo tratamiento, después de haberse convencido de que su caso no es tan extraordinariamente desgraciado. Si el problema es el miedo, puede practicar ejercicios para adquirir valor. El valor en la guerra está reconocido desde tiempos inmemoriales como una virtud importante, y gran parte de la formación de los niños y los jóvenes se ha dedicado a moldear un tipo de carácter capaz de entrar en combate sin miedo. Pero el valor moral y el valor intelectual se han estudiado mucho menos; y, sin embargo, también tienen su técnica. Oblíguese a reconocer cada día al menos una verdad dolorosa; comprobará quees tan útil como la buena acción diaria de los *boy scouts*. Aprenda a sentir que la vida valdría la pena vivirla aunque usted no fuera —como desde luego es— incomparablemente superior a todos sus amigos en virtudes e inteligencia. Los ejercicios de este tipo, practicados durante varios años, lepermitirán por fin admitir hechos sin acobardarse, y de este modo le liberarán del dominio del miedo en muchísimas circunstancias.

La cuestión de qué intereses objetivos surgirán en nosotros cuando hayamos vencido la enfermedad del egocentrismo hay que dejarla al funcionamiento espontáneo de nuestro carácter y a las circunstancias externas. No hay que decirse de antemano «yo sería feliz si pudiera dedicarme a coleccionar sellos», y ponerse de inmediato a coleccionarlos, porque puede ocurrir que la colección de sellos no nos resulte nada interesante. Solo puede sernos útil lo que verdaderamente nos interesa, pero podemos estar seguros de que encontraremos intereses objetivos en cuanto hayamos aprendido a no vivir inmersos en nosotros mismos.

La vida feliz es, en muy gran medida, lo mismo que la buena vida. Los moralistas profesionales insisten mucho en la abnegación, y se equivocan al insistir en eso. La abnegación deliberada le deja a uno absorto en sí mismo, intensamente consciente de lo que ha sacrificado; como consecuencia, muchas veces fracasa en su objetivo inmediato y casi siempre en su propósito último. Lo que se necesita no es abnegación, sino ese modo de dirigir el interés hacia fuera que conduce de manera espontánea y natural a los mismos actos que una persona absorta en la consecución de su propia virtud solo podría realizar por medio de la abnegación consciente. He escrito este libro como hedonista, es decir, como alguien que considera que la felicidad es el bien, pero los actos recomendados desdeel punto de vista del hedonista son, en general, los mismos que recomendaría un moralista sensato. El moralista, sin embargo, suele tender —aunque, desde luego, no en todos los casos— a dar más importancia al acto que al estado mental. Los efectos del acto sobre el agente serán muy diferentes, según su estado mental en el momento. Si vemos un niño que se ahoga y lo salvamos obedeciendo un impulso directo de ayudar, no habremos perdido nada desde el punto de vista moral. En cambio, si nos decimos «es una virtud ayudar a los que están en apuros y yo quiero ser virtuoso; por tanto, debo salvar a ese niño», seremos peores después de salvarlo que antes de hacerlo. Lo que se aplica a este caso extremo se puede aplicar a otros muchos casos menos obvios.

Existe otra diferencia, algo más sutil, entre la actitud ante la vida que yo recomiendo y la que recomiendan los moralistas tradicionales. El moralista tradicional, por ejemplo, dirá que el amor no debe ser egoísta. En cierto sentido, tiene razón; es decir, no debe ser egoísta más allá de cierto punto, pero no cabe duda de que debe ser de tal condición que su éxito suponga la felicidad del que ama. Si un hombre le propusiera a una mujer casarse con él explicando que es porque desea ardientemente la felicidad de ella y porque, además, la relación le proporcionaría a él grandes oportunidades de practicar la abnegación, no creo yo que la mujer se sintiera muy halagada. No cabe duda de que debemos desear la felicidad de aquéllos a quienes amamos, pero no como alternativa a la nuestra. De hecho, toda la antítesis entre uno mismo y el resto del mundo implícita en la doctrina de la abnegación, desaparece en cuanto sentimos auténtico interés por personas o cosas distintas de nosotros mismos. Por medio de estos intereses, uno se llega a sentir parte del río de la vida, no una entidad dura y aparte, como una bola de billar que no mantiene con sus semejantes ninguna relación aparte de la colisión. Toda infelicidad se basa en algún tipo de desintegración o falta de integración; hay desintegración en el yo cuando falla la coordinación entre la mente consciente y la subconsciente; hay falta de integración entre el yo y la sociedad cuando los dos no están unidos por la fuerza de intereses y afectos objetivos. El hombre feliz es el que no sufre ninguno de estos dos fallos de unidad, aquél cuya personalidad no está escindida contra símisma ni enfrentada al mundo. Un hombre así se siente ciudadano del mundo y goza libremente del espectáculo que le ofrece y de las alegrías que le brinda, sin miedo a la idea de lamuerte porque en realidad no se siente separado de los que vendrán detrás de él. En esta unión profunda e instintiva con la corriente de la vida es donde se encuentra la mayor dicha.

ÍNDICE

PRIMERA PARTE

CAUSAS DE LA INFELICIDAD

¿QUÉ HACE DESGRACIADA A LA GENTE? 7

INFELICIDAD BYRONIANA 16

COMPETENCIA 31

ABURRIMIENTO Y EXCITACIÓN 40

FATIGA 49

ENVIDIA 60

EL SENTIMIENTO DE PECADO 70

MANÍA PERSECUTORIA 82

MIEDO A LA OPINIÓN PÚBLICA 93

SEGUNDA PARTE

CAUSAS DE LA FELICIDAD

ENTUSIASMO 116

CARIÑO 129

LA FAMILIA 137

TRABAJO 154

INTERESES NO PERSONALES 162

ESFUERZO Y RESIGNACIÓN 170

EL HOMBRE FELIZ 178

Printed in Great Britain
by Amazon